Cansadas

CANSADAS

Nuria Varela

GRUPO ZETA

Barcelona • Madrid • Bogotá • Buenos Aires • Caracas • México D.F. • Miami • Montevideo • Santiago de Chile

1.ª edición: febrero 2017

© Nuria Varela, 2017
Del prólogo: © Barbijaputa, 2017
© Ediciones B, S. A., 2017
    Consell de Cent, 425-427 - 08009 Barcelona (España)
    www.edicionesb.com

Printed in Spain
ISBN: 978-84-666-6069-3
DL B 24523-2016

Impreso por Unigraf, S. L.
Avda. Cámara de la Industria, 38
Pol. Ind. Arroyomolinos n.º 1
28938 - Móstoles (Madrid)

Prólogo

Para las que nacimos en los ochenta o principios de los noventa, libros como el que ahora sostienes en las manos son un soplo de victoria.

Nosotras, que cuanta más conciencia feminista adquirimos, más cercanas a la realidad nos sabemos.

Nosotras, que entendemos que ese acercamiento pasa, inevitablemente, por alejarnos de la ficción de algodones y unicornios en la que nos dijeron que vivíamos pero donde solo residen ellos.

Nosotras, que cuanta más conciencia adquirimos vemos en ese «ellos» a un número cada vez mayor de gente..., porque si antes los machistas solo eran dos o tres, para nosotras ese «ellos» empieza a convertirse en casi todos.

Nosotras, que a veces perdemos la fe y no sabemos cómo traerlos (y traerlas) hasta este lado, el lado del «darse cuenta», el lado del feminismo.

Nosotras, que estamos evolucionando en una dirección que sigue sin ser la dirección de la mayoría, que nos alejamos sin remedio de muchas personas que antes formaban parte de nuestro entorno y aun así nos sentimos satisfechas. Y nos sentimos satisfechas porque ahora nos conocemos mejor a nosotras mismas, y disponemos de más herramientas con las que pelear contra los mensajes inoculados que nos dañaban.

Nosotras, que sentimos que ganaremos esa batalla invisible.

Lo nuestro está siendo tan poco a poco, que no advertimos que el feminismo nos había estado armando hasta los dientes con escudos y lanzas ingrávidos de los que ya no podríamos desprendernos ni queriendo, y eso nos hace caminar más seguras, alzar la barbilla, mirar a los ojos. Poco a poco. Cada vez más lejos de ese «ellos», cada vez más cerca de nosotras mismas, cada día un poco más equilibradas sobre el eje de nuestras caderas. Firmes, centradas, cada día más cerca de encontrar nuestro lugar exacto en este mundo hecho para ellos.

Pero nosotras —que sentimos que el feminismo nos aleja de un mundo en el que nos habíamos acostumbrado a andar de puntillas— no tenemos lo suficientemente presente que antes de nosotras hubo muchas otras.

Nosotras, que llegamos a casa y abrimos este libro, leemos a Nuria Varela y, mientras devoramos los extractos de Kate Millett o Maruja Torres que vamos encontrando en sus resquicios, nos inunda de emoción la presencia de las Otras. Y sentimos admiración y agradecimiento, porque estos escudos y estas lanzas ingrávidos no los forjamos solamente nosotras, sino que fueron ellas quienes empezaron a forjarlos, y antes de ellas otras, esas Otras que también se alejaron de un mundo ficcionado para estar más cerca de sí mismas. Y se vuelven tangibles entre estas páginas. Y sentimos que también para ellas debió de ser doloroso a veces, porque crecer duele, sí, pero no tiene por qué paralizar. Y las imaginamos solas, porque su conciencia surgió mucho antes que la nuestra, y cuanto más retrocedemos en el tiempo comprendemos cuanto más a solas y señaladas debieron de sentirse. Pero las sabemos satisfechas y sin incertidumbres. Cansadas a veces, sí, pero guerreras siempre. Exactamente igual que nosotras. Y sabemos que cuanto más nos alejemos de ese mundo de algodones y unicornios del que ellos disfrutan —donde el machismo no existe, loca—, estaremos más cerca de esas Otras que de «ellos». De las Otras que hace muchas generaciones empezaron a derribar muros para que, entre todas, entre las Otras y nosotras, construyamos un mundo nuevo donde no solo quepan todos sino donde quepamos todas. Porque esas Otras somos nosotras mismas. Y tras nosotras vendrán muchas más que pensarán a su vez en nosotras y sabrán que las armas con las que ganarán esta batalla en algún momento de la Historia las fuimos construyendo juntas, pasándonoslas de mano en mano como un testigo en un carrera de relevos a lo largo del tiempo.

Y la victoria será de las Otras, será nuestra y será de todas.

BARBIJAPUTA

Para todas las mujeres que se levantan cansadas,
se acuestan agotadas y, aun así,
no dejan de trabajar todos los días
para construir un mundo mejor.

Para mi madre.
A pesar de todo, y por encima de todo,
una mujer infatigable.

Introducción

Estoy convencida de que la mía es una generación desperdiciada (que no perdida). Perdernos, lo que se dice perdernos, comenzamos a hacerlo más o menos cuando empezamos a cumplir cuarenta años, cuando llegó la famosa crisis económica y a nosotras nos pilló con unas vidas complejas sin resolver y comenzamos a oír que estábamos demasiado cualificadas para cualquier trabajo al que optábamos. No nos sobraba cualificación, aunque éramos la primera generación que habíamos entrado en torrente a la universidad y efectivamente atesorábamos títulos, currículos y experiencia. Lo que nos sobraba era carácter. Habíamos peleado demasiado como para aceptar sin más la pérdida de derechos y la precariedad que nos ofrecían.

Las mujeres que nacimos en España a finales de los años sesenta del siglo XX —y somos un montón—, llegamos a la juventud creyéndonos pioneras y con todas las intenciones de comernos el mundo.[1] Probablemente lo fuimos. Éra-

---

1. La tasa de población femenina en España es del 51%, en total, 23.733.999 mujeres. De ellas, casi once millones son mayores de 45 años.

mos herederas (aún sin mucha conciencia) de varios intentos de generaciones anteriores por tener vida propia; hijas de madres que empujaban con mucha fuerza, conocedoras de lo que había sido el franquismo en sus vidas y deseosas de que fuésemos mujeres libres; producto de toda una generación feminista que sin ningún reconocimiento había hecho realidad la famosa Transición. Porque aún silenciado o negado en los libros de historia, el verdadero cambio de régimen hacia la democracia lo habían protagonizado las mujeres, no solo con su empeño en eliminar las leyes que las consideraban menores de edad perpetuas, sino con lo más difícil, demoler las costumbres de una sociedad machista hasta el esperpento.

Y ahí estábamos nosotras, dispuestas a no defraudar. Lo intentamos con todas nuestras fuerzas, como si nos fuese la vida en ello (y lo cierto es que se trataba de un asunto vital), pero algo no salió como esperábamos. Quizás es hora de saber qué y, sobre todo, por qué. Como diría Nelson Mandela muchas veces a lo largo de su vida, «una vez más me pareció necesario hacer una distinción entre los principios y la táctica».

Mucho antes de que la ola de indignación y los olores de la Primavera Árabe recorrieran el mundo, muchas mujeres estábamos cansadas de estar cansadas. La música nos suena. Podríamos interpretarla sin partitura y la letra apenas tiene modificaciones. Podemos cambiar crisis económica europea por crisis latinoamericana, primavera árabe por procesos de descolonización.

El relato es que estamos cansadas de estar siempre comenzando. Y sobre todo, estamos cansadas de ser invisibles. A estas alturas, resulta casi imposible cambiar actitudes y valores en un cuerpo agotado por la doble o triple jornada, por las microviolencias y micromachismos diarios

—en el trabajo y en las relaciones personales—, por la exigencia del mito de la belleza y la eterna juventud, la medicalización excesiva y la patologización de todos los procesos naturales de nuestros cuerpos.

Invisibles. De vez en cuando, muy de vez en cuando, alguien se hace alguna pregunta pero aún estamos esperando las respuestas. El mismísimo CES (Consejo Económico y Social) se planteaba, en su informe de diciembre de 2011, en qué medida participamos las mujeres de las mejoras derivadas de la expansión económica y el empleo vividas en los años que precedieron a la crisis, y en qué medida nos han afectado sus consecuencias.

En octubre de 2016 se cumplieron 33 años del nacimiento del Instituto de la Mujer. La creación de este organismo autónomo supuso, en la práctica, el comienzo de las políticas de igualdad en España. Además de otras muchas cuestiones, también significó el reconocimiento del movimiento organizado de mujeres como una parte más del desarrollo político de este país.

Un tercio de siglo después, los cambios sociales, el desarrollo del cuerpo legal y jurídico respecto a la igualdad entre mujeres y hombres, el desarrollo de la teoría de género y del pensamiento feminista, la incorporación tanto de acciones positivas como de la transversalidad en la acción de gobierno nos indican los éxitos obtenidos. Sin embargo, en el día a día, los indicadores no se muestran tan complacientes: las brechas salariales y digitales, la violencia de género, la precariedad, el mito de la conciliación o, peor aún, de la corresponsabilidad... La realidad de las mujeres nos indica que, o bien solo se ha maquillado el rostro pero la estructura permanece tal cual, o como ya escribió Susan Faludi, ante la posibilidad de cambios reales en las relaciones de género, la reacción patriarcal no se ha hecho esperar.[2]

Nos hemos hecho mayores y no nos gusta lo que vemos. Es tiempo de nuestra propia reacción. Hemos sido hormigas. Ya es hora de que nos toque ser cigarras.

2. Susan Faludi, *Reacción*, Círculo de Lectores, Barcelona, 1993.

1

El año que cumplimos 40 años

> Dame la perseverancia de las olas del mar, que hacen de cada retroceso un punto de partida para un nuevo avance.

GABRIELA MISTRAL

El año que cumplimos 40 años no teníamos tiempo para llorar. El año que cumplimos 40 años teníamos, sobre todo, cansancio. Ése era nuestro mayor tesoro: toneladas de cansancio acumuladas. Cansancio por hacerlo todo solas, por nadar a contracorriente a diario, por haber apoyado sistemáticamente a todas nuestras sucesivas parejas, por habernos embarcado solas en la hipoteca, por haber aguantado la presión laboral...

Pero llamarlo tesoro era una barbaridad porque ¿qué se podía hacer con ese cargamento? ¿A quién se le podía vender? ¿Quién iba a querer comprarlo? Ni siquiera se podía meter en cajas y llevarlo a un trastero.

El año que cumplimos 40 años, los trasteros estaban de

moda. Las casas eran demasiado pequeñas y las familias, paradójicas, demasiado nuevas pero con demasiada historia, con demasiadas cosas que guardar. Las familias, ya no se podía hablar de familia en singular: monomarentales, monoparentales —las menos—, reconstruidas, en trámites y procesos de separaciones o divorcios, extensas, numerosas...

Aunque ese cargamento, tan pesado, nos había dado a cambio, algunos bienes: la santa indignación, el pragmatismo y, es hora de reconocerlo, una buena dosis de cinismo.

Nuestra indignación había llegado a santa porque era realmente lo único que a estas alturas venerábamos. Si no hubiese sido por ella, por la capacidad que nos daba para rebelarnos, para reinventarnos después de cada fracaso, para fortalecernos ante las dificultades, algunas no estaríamos vivas.

El pragmatismo era fundamental y el cinismo nos permitía, por lo menos, algo de sexo. Si estás convencida de que no existe *el príncipe azul*, ni tan siquiera *el hombre de tu vida* (como mucho, hay hombres o mujeres en tu vida), puedes mantener relaciones más o menos largas, más o menos intensas con quien te dé la gana, no tienes peligro de quedarte enganchada en ningún tipo de dependencia.

A veces, era tremendamente útil.

Cuando teníamos 15 años y éramos estudiantes de bachillerato, quedarse embarazada era lo peor que podía pasarte. El año que cumplimos 40 años, la mayoría éramos madres o estábamos en ello. Muchas, orgullosas madres solteras de hijos deseadísimos. ¿Cómo cambió todo en tan poco tiempo? Hasta el nombre. Ahora ya no éramos madres solteras sino familias monoparentales, o monomarentales, según quién nos nombrara.

Es difícil de explicar, pero a nosotras nos pilló en medio. Es más. Fuimos las protagonistas. Silenciadas, más bien enmudecidas, pero las protagonistas.

El año que cumplimos 40 años, el cansancio no era patrimonio de nuestra generación. También estaban cansadas las mayores y buena parte de las jóvenes, pero hay que reconocer que esa generación desperdiciada que había nacido a finales de los sesenta, era la más agotada. Había sido pionera entrando masivamente en la universidad, había sido la encargada de hacer realidad los sueños de las madres que empujaban con fuerza hacia una idea fundamental: «Estudia, consigue un buen trabajo y luego haz lo que quieras. Inventa tu propia vida y sé independiente económicamente.» Lo hicimos. La maternidad quedó postergada, la retrasamos al menos diez años, otras la rechazaron de plano. La pareja no fue solo una, los divorcios numerosos y el trabajo, nunca tan bueno como soñamos y jamás remunerado como merecíamos. Nos convertimos en una generación sándwich, sin el prestigio ni el reconocimiento que tuvieron algunas de nuestras mayores y sin el acceso a los puestos de responsabilidad que tenían las más jóvenes. Nos encontramos como una loncha de jamón atrapadas en el cuidado de nuestras hijas e hijos, demasiado pequeños, y nuestros padres y madres, demasiado mayores.

El año que cumplimos 40 años éramos las dueñas de las agendas-ciencia ficción, las que nunca se hacían realidad. Estaban repletas de deseos, planes, proyectos y objetivos que ni un solo día coincidían con nuestras vidas. Cada noche nos dormíamos con la ilusión de que algún día, al despertarnos, pudiéramos abrir los ojos preguntándonos: ¿y hoy, qué quiero hacer? Porque cada mañana, al ritmo del despertador, la mente se ponía en marcha con la otra pregunta, la odiada, la temida ¿y hoy, qué tengo que hacer? Incluso llegó un momento en que hacer la maleta, para nosotras, para las que nos lanzamos a recorrer el mundo apenas cumplimos la mayoría de edad, era una pesadilla.

El año que cumplimos 40 años nos preguntábamos si ocurriría lo mismo con todo: ¿Se llega a cansar una de lo que más amó, de aquello con lo que más disfrutó? Últimamente, con decenas de maletas destrozadas —casi todas en los trasteros, como los pasaportes caducados, por aquello de conservar pruebas evidentes de lo que una fue—, el ejercicio romántico que un día supuso empaquetar para un viaje se convirtió en meter cosas prácticas muy rápido y sin pensar.

Y, además, ¿cómo se viste una para entrar en los cuarenta?

¡Las modas! Las modas son un fenómeno bien interesante. Naomi Wolf lo había explicado perfectamente a comienzos de los años noventa.[3] Desde entonces sabíamos que el mito de la belleza había llegado para suplir la mística de la feminidad. Con la llamada «liberación» de las mujeres, el control que ya no ejercía lo doméstico se suplió por asuntos tan triviales como el aspecto físico, el cuerpo, la cara, el pelo o la ropa. Fue la reacción contra el intento más potente de libertad sexual y reapropiación del cuerpo por parte de las mujeres.

Ahora, en los comienzos del siglo XXI, las modas nos prohíben envejecer. Algo tan ridículo como las canas, tiene trascendencia política. El año que cumplimos 40 años, teñirlas o no era una decisión trascendental. Prácticamente se habían convertido en una muestra de rebeldía ante un sistema que solo quiere ver veinteañeras de cualquier edad y, para ello, no deja de promocionar *lifting*, botox, cremas milagrosas... cualquier cosa que quite arrugas y, de paso, genere in-

3. Naomi Wolf, *El mito de la belleza*, Emecé Editores, Barcelona, 1991.

gentes beneficios para la industria cosmética al tiempo que sirva de pretexto para echar a las mujeres del sistema productivo en cuanto no siguen la norma de ocultar el paso del tiempo. Aún no están bien vistas las mujeres sabias, por lo tanto, que todas parezcamos jovencitas inexpertas.

La escritora María Xosé Queizán también ha reflexionado a fondo sobre algo aparentemente tan frívolo como los zapatos. Queizán está segura de que ningún hombre aceptaría caminar o ir a trabajar manteniendo el equilibrio sobre unas prolongaciones circenses. Además de la incomodidad, a su juicio, no resistirían el ridículo. «Las mujeres, por el contrario —afirma—, compran encantadas esos apéndices de tortura y salen orgullosas haciendo equilibrios al circo social. Y esto se considera normal.»

¿Cómo no estar cansadas viviendo a toda velocidad, embutidas en una talla 38, sobre un tacón de 7 centímetros (y más) y peleando cada mañana contra el paso del tiempo?

Las modas son un fenómeno interesante, sin duda, pero no solo para la ropa. Por ejemplo, desde hace unos años se ha puesto de moda que no se puede hablar de culpa. Cada vez que sale a relucir esa palabra alguien te corrige explicando que la culpa es un concepto judeo-cristiano, que hay que hablar de responsabilidad.

Aceptamos la corrección, pero la cuestión está en que tampoco se puede hablar de responsables porque otra moda muy potente es que no se puede responsabilizar a los hombres de nada, mucho menos culpabilizar. Se podría escribir un libro entero respecto a las nuevas mentiras del patriarcado. De hecho, utilizamos tanto la palabra patriarcado por lo mismo, porque no se puede hablar de los varones; en cuanto lo haces quedas directamente desprestigiada, ¿y quién de nosotras quiere más desprestigio?

La autocensura nos ha calado muy hondo. El feminismo, un movimiento que desde luego nunca ha sido políticamente correcto, ha caído en esa trampa pero no por casualidad. La violencia, el desprecio, las críticas feroces, el desprestigio, la pobreza, la falta de autoridad, todo eso ha sido vivido con tanta fuerza por nuestras mayores que hemos aprendido muy bien la lección. Así que en este moderno siglo XXI, ¿quién es la guapa que se atreve a declararse feminista? Pocas, muy pocas. Miles de mujeres lo son sin ni siquiera saberlo porque no quieren ni pararse a pensar en ello, no sea que se les note. Otras tantas lo rechazan con la virulencia de quien intuye que nada bueno les puede traer esa etiqueta. Una intuición que es una verdad a medias porque, por un lado, el feminismo solo ha traído libertad, derechos y mejoras sociales para nuestras democracias, y especialmente para las mujeres, pero bien es cierto que para aquellas que más han luchado y más se han significado el precio ha sido muy elevado.

No me resisto a reproducir «Agradécelo a una feminista», un texto que sin ánimo excluyente ni compilatorio ayuda a no olvidar.[4]

Si eres mujer y...
Puedes votar, agradécelo a una feminista.
Recibes igual salario al de un hombre por hacer el mismo trabajo, agradécelo a una feminista.
Fuiste a la universidad en lugar de dejar los estudios después del bachillerato para que tus hermanos pudie-

4. Autora desconocida, el texto original «Thank a feminist» fue enviado por Alda Facio de Costa Rica a la editora de la revista *Tertulia*, Laura Asturias, quien lo tradujo y lo publicó en el número del 16 de julio de 2004. El texto sigue vivo a través de su publicación en *heroínas.blogspot.com*.

ran estudiar pues «tú de todos modos simplemente vas a casarte», agradécelo a una feminista.

Puedes solicitar cualquier empleo, no solo un «trabajo para mujeres», agradécelo a una feminista.

Puedes recibir y brindar información sobre control de la fertilidad sin ir a la cárcel por ello, agradécelo a una feminista.

Es mujer tu médica, abogada, pastora, jueza o legisladora, agradécelo a una feminista.

Practicas un deporte profesional, agradécelo a una feminista.

Puedes usar pantalones sin ser excomulgada de tu iglesia o sacada del pueblo, agradécelo a una feminista.

A tu jefe le está prohibido presionarte para que te acuestes con él, agradécelo a una feminista.

Eres violada y en el juicio no se trata sobre el largo de tu vestido o tus novios anteriores, agradécelo a una feminista.

Inicias un pequeño negocio y puedes obtener un préstamo usando solo tu nombre y tus antecedentes de crédito, agradécelo a una feminista.

Se te permite testificar en tu propia defensa, agradécelo a una feminista.

Posees propiedad que es únicamente tuya, agradécelo a una feminista.

Tienes derecho a tu propio salario aun si estás casada o hay un hombre en tu familia, agradécelo a una feminista.

Obtienes la custodia de tus hijas e hijos tras un divorcio o una separación, agradécelo a una feminista.

Tienes voz en cómo criar y cuidar a tus hijas e hijos en lugar de que les controle completamente tu esposo o su padre, agradécelo a una feminista.

Tu marido te golpea y esto es ilegal y la policía lo detiene en vez de sermonearte sobre cómo ser una mejor esposa, agradécelo a una feminista.

Se te otorga un título después de ir a la universidad, en lugar de un certificado de haber completado los estudios, agradécelo a una feminista.

Puedes amamantar a tu bebé en un lugar público y no ser arrestada por ello, agradécelo a una feminista.

Te casas y tus derechos civiles no desaparecen diluidos en los de tu esposo, agradécelo a una feminista.

Tienes el derecho a rehusar tener relaciones sexuales con tu esposo, agradécelo a una feminista.

Tienes derecho a que tus registros médicos confidenciales no sean divulgados a los hombres de tu familia, agradécelo a una feminista.

Tienes derecho a leer los libros que desees, agradécelo a una feminista.

Puedes testificar sobre crímenes o daños que tu esposo haya cometido, agradécelo a una feminista.

Puedes escoger ser madre o no cuando tú quieras y no según los dictados de un esposo o un violador, agradécelo a una feminista.

Puedes esperar vivir hasta los 80 años [o más] en vez de morir entre los 20 y 30 a causa de embarazos ilimitados, agradécelo a una feminista.

Puedes verte como una humana adulta plena, y no como una menor de edad que necesita ser controlada por un hombre, agradécelo a una feminista.

A modo de ejemplo de los costes pagados, algunos apuntes biográficos:

Aspasia de Mileto, compañera de vida de Pericles, abogó por la educación de las mujeres como dignas pares de los ciudadanos griegos. Fue calificada de prostituta y nunca considerada filósofa aunque Sócrates la reconoció como maestra.

Hypatia de Alejandría murió linchada por hordas fanáticas azuzadas por monjes que veían en esta matemática, filósofa y maestra de pensamiento demasiada sabiduría e influencia, demasiado peligro para su fundamentalismo. Juana de Arco, gracias a su deseo de luchar y dirigir al ejército francés, fue quemada por bruja en la hoguera a modo de escarmiento para futuras «guerreras».

Sor Juana Inés de la Cruz acabó reconociendo ante los inquisidores su soberbia y su orgullo y terminó su vida cuidando enfermos contagiosos. Fue obligada a humillarse ante Dios por pecar del enorme deseo de saber. Ése fue su delito: leer y leer tratados de numerosas disciplinas y crear con sus versos un estilo propio, crítico y en defensa de las mujeres. Olimpia de Gouges murió guillotinada en tiempos de la Revolución Francesa después de haber escrito *Declaración de los derechos de la mujer y la ciudadana*, tratado que constituyó una de las formulaciones políticas más claras en defensa del derecho de la ciudadanía de las mujeres.

Mary Wollstonecraft fue muy considerada y tenida en cuenta tras escribir, poco antes de la toma de La Bastilla, *Vindicación de los derechos del hombre*, pero calificada como «la hiena con faldas» y expulsada del Olimpo del prestigio tras escribir *Vindicación de los derechos de la mujer*, donde abogaba por el igualitarismo entre los sexos, la independencia económica y la necesidad de la participación política y representación parlamentaria para las mujeres. Wollstonecraft murió simbólicamente de una infección tras dar a luz a su hija Mary Shelley, la famosa autora de *Frankenstein*, libro mucho más leído y reconocido que la *Vindicación* de su madre.

Clara Campoamor fue expulsada de su propio partido y obligada a exiliarse y apartarse de la política para siempre, silenciada y denostada después de haber conseguido la aprobación en las Cortes de la Segunda República, en 1931, del derecho al voto para las mujeres. Mujeres que como María Teresa León, Zenobia Camprubí o Mileva Maric fueron sacrificadas en su creatividad y condenadas casi al anonimato, como soportes imprescindibles de las tan importantes carreras de sus influyentes, excéntricos y aparentemente progresistas esposos: Rafael Alberti, Juan Ramón Jiménez y Albert Einstein, respectivamente.

Solo son un puñado de ejemplos. La historia está repleta de mujeres sabias ignoradas y olvidadas que pagaron en muchos casos hasta con la vida por su sabiduría y su afán de libertad. Y nosotras estamos cansadas de sabernos herederas y pioneras al mismo tiempo. Hijas y nietas de una larga tradición de pensadoras luminosas y luchadoras incansables que aún hoy continuamos siendo las primeras en traspasar algunas puertas.

Sirva un ejemplo vivo, el de Kate Millett, referente del feminismo radical norteamericano de los años sesenta, representante de la primera generación de mujeres que entró en la universidad y aportó al feminismo una extraordinaria brillantez intelectual. Su obra fundamental fue *Política sexual*, publicada en 1969, uno de los libros que más contribuyó intelectualmente al cambio real en la vida de las mujeres. En 1970, el periódico *The New York Times* publicó una reseña sobre el mismo en la que decía: «De lectura sumamente placentera, brillantemente concebido, irresistiblemente persuasivo, da testimonio de un manejo de la historia y de la literatura que deja sin aliento.» El libro fue la tesis doctoral que Millett leyó en la

Universidad de Oxford, la primera tesis doctoral sobre género que se hizo en el mundo, y cuando se publicó se convirtió en un bestseller. Millett, sin embargo, hablaba de sí misma en una entrevista publicada en 1988 en estos términos:

Otra temporada en la granja, no tan mala, pero no la mejor. No puedo pasar todo el día leyendo, así que escribo, o intento hacerlo. Ejercicio inútil. Mis libros están fuera de impresión, ni siquiera *Política sexual*, o el manuscrito acerca de mi madre pueden encontrar una editorial.

Intento también conseguir un empleo. Al principio, las voces académicas fueron amables y abrieron sus puertas imaginando que soy rica y hago esto por diversión. Con un ligero tono de culpa me ofrecen mi nuevo sueldo de esclava: 3.000 dólares al año. ¡Pero yo no podría vivir con eso!, reclamo. «Nadie podría», sonríen desde sus puestos de 50.000 o 80.000 dólares al año. Una plaza docente real parece ser imposible ahora, y no solo en mi caso. Tengo amistades con doctorados ganando tan poco como 12.000 dólares, viviendo una intrincada existencia corriendo en automóvil por cinco escuelas diferentes y en el límite económico. Estoy muy vieja para eso y debo ganar mejor. «Realmente no tenemos fondos, a pesar de lo mucho que nos gustaría tenerla con nosotros.»

«Seguramente estoy cualificada como académica acreditada con años de experiencia docente y un doctorado con honores de Columbia y Oxford First, con ocho libros publicados», pregunto. Ellos me llamarán... Pero nunca lo hacen.

Empiezo a preguntarme ¿en qué estoy mal? ¿Estoy

demasiado fuera de juego o demasiado vieja? Tengo 63 años. O ¿soy la vieja ante la nueva escuela feminista? O ¿es algo peor? ¿He sido denunciada o desacreditada? ¿Por quién? ¿Qué pasa? ¡Mis modales!... Dios sabe que soy lo suficientemente amable con esta gente. ¿Mi feminismo me ha hecho abrasiva?

No puedo conseguir empleo. No puedo ganar dinero. Excepto vendiendo árboles en Navidad, uno por uno. No puedo enseñar y no tengo nada más que ser granjera. Y cuando físicamente ya no pueda, ¿qué haré entonces? Nada de lo que escribo ahora tiene perspectiva de verse impreso. De todos mis supuestos logros, no tengo ninguna habilidad vendible.

Da miedo ese futuro. Cuando se acaben mis ahorros, ¿qué pobreza habrá por delante, qué mortificaciones? ¿Por qué imaginé que sería diferente, que mis libros me darían algún magro ingreso, o que al menos podría dar clases en el momento en el cual casi todas las demás docentes se retiran?

Desde mi libertad de escritora y artista he servido todos estos largos años. Sin salario, he logrado sobrevivir con lo poco que acostumbro, y hasta guardar un poquito, para invertir en una granja y convertirla en una colonia de mujeres. Los ahorros pueden durar unos siete años. Así que en siete años debo morirme. Pero probablemente no será así, las mujeres en mi familia viven para siempre. Tanto como me cansa la vida sin propósito o sin trabajo significativo que la haga soportable, no puedo morirme porque, en el momento en que lo haga, mi escultura, dibujos, negativos y serigrafías serán tiradas al basurero.

The Feminist Press, el otoño pasado, me ofreció quinientos dólares por reimprimir *Política sexual*. No solo les llevó doce meses hacer la oferta sino que tampoco podían hacerlo antes del año 2000, ya que necesitaban encargar uno o dos prefacios de lujo escritos por académicas en estudios de la mujer, más jóvenes, más maravillosas. Mi agente y yo nos sentimos felices de rehusar su oferta. Subieron a mil dólares.

Aunque el libro está siendo celebrado en una antología de los diez libros más importantes que la casa Doubleday ha publicado en sus cien años de historia, los directivos de esta editorial no quieren tampoco reeditarlo. Una joven editora de Doubleday le dio a entender a mi agente que el trabajo teórico feminista más reciente, y «el clima actual», de alguna manera habían convertido mi libro en obsoleto. Estoy fuera de moda en la nueva industria de las casitas académicas del feminismo.

Recientemente, un libro preguntaba ¿Quién nos robó el feminismo? Yo no fui. Ni fue Ti-Grace Atkinson. Ni Hill Johnston. Todas estamos fuera del mercado editorial. Nosotras no hemos podido construir lo suficiente para crear una comunidad o seguridad. Algunas mujeres en esa generación desaparecieron para luchar su destino solas en el olvido. Otras, como lo hizo Sula Firestone, desaparecieron en los asilos y aún no regresan para contarlo. Hubo tristezas que solo pueden terminar con la muerte: María del Drago escogió el suicidio, también lo hicieron Ellen Frankfurt y Elizabeth Fischer, fundadora de *Aphra*, el primer periódico literario feminista.

Elizabeth y yo solíamos encontrarnos en las tardes en un cómodo y antiguo café hippy en Greenwich Village. Allí, en público, para evitar los peligros de la privacidad suicida en casa, escribió algunos de los pasajes más densos de *The Loony Bin Trip*. Ella terminó el libro que fue el trabajo de su vida.

Probablemente no estaba teniendo la recepción que ella esperaba en el ya saturado nuevo mercado de textos de estudios de la mujer escritos por repentinas especialistas en este campo. Elizabeth y yo, junto a un «desayuno de tarde», conversábamos disfrazando cuidadosamente nuestras miserias. Las feministas no se quejaban entre sí entonces, cada una imaginaba que la soledad y la sensación de fracaso eran únicas, que solo ella las sentía. Los grupos de auto-conciencia ya no existían. Una no tenía colegas: Nueva York no es un lugar cálido.

Elizabeth está muerta ahora y yo debo vivir para contar la historia, esperando decirle a otra generación algo que quisiera que sepan sobre la larga lucha de la liberación de la mujer, algo acerca de la historia y la censura. Quizá pueda también tener la esperanza de explicar que el cambio social no llega fácilmente, que las pioneras pagan un precio alto y una soledad innecesaria por aquello que sus sucesoras dan por hecho. ¿Por qué las mujeres parecen particularmente incapaces de observar y honrar su propia historia? ¿Qué vergüenza secreta nos hace tan obtusas? Ahora tenemos una laguna entre la comprensión de una generación y la siguiente, y hemos perdido mucho de nuestro sentido de continuidad y camaradería.

Justo la semana pasada, después de una cena y una buena obra de teatro, soñando despierta, sumaba las rentas de la granja y veía la manera de hacer arreglos: el techo viejo, pintar las construcciones... Sumando y sumando, extasiada porque finalmente conseguí pagar mis tarjetas de crédito, garabateando a las tres de la mañana que plantaré rosas otras vez, último gesto de éxito. Habré ganado después de todo. Vivir bien es la mejor venganza.[5]

Esas eran las reflexiones de la mujer que *The New York Times* había incluido en el listado de las diez personalidades más influyentes del siglo XX.

Cuando el 25 de marzo de 2010 Kate Millett llegó a Madrid con sus hermosos 75 años, en el salón de actos del Instituto de la Mujer la esperábamos todas las feministas que conseguimos encontrar un hueco, sentadas, de pie, en el suelo... El larguísimo y emocionado aplauso con el que fue recibida parecía un rotundo *no* de respuesta a aquella pregunta de 1988: «¿Somos las mujeres incapaces de honrar nuestra propia historia?» Aquella mujer rebelde («cinco años en Naciones Unidas hacen que cualquier persona fume como una loca, que es lo que yo he hecho») que emocionó a la sala con sus reflexiones sobre su propia historia familiar, con su preocupación por las guerras y, sobre todo, con su alerta sobre «la política de la crueldad» y sus palabras acerca de la búsqueda de la libertad y la felicidad sorprendió con su reflexión sobre la cantidad de dinero que ganan los fontaneros...

Millett también nos recordó que el género está de moda. Desde que en buena parte de los países democráticos, fundamentalmente en Europa, se han ido aprobando leyes a favor de la igualdad entre mujeres y hombres, el feminismo ha desaparecido a favor del concepto género. Inicialmente, no era una mala idea, puesto que el género es un concepto central de la teoría feminista. El problema es que

5. Artículo publicado por Millett en *The Guardian*, Londres, junio, 1988. Traducción de Amparo Jiménez.

el género se comenzó a utilizar para eliminar el feminismo, paradoja donde las haya. De manera que gracias a una pirueta circense y al aplauso que recibió de un público asombrado ante tamaña heroicidad, se comenzaron a hacer políticas de igualdad sin feminismo y sin feministas. Entramos en la era de lo políticamente correcto y aún no ha sido posible salir de ahí. Como escribió, con la ironía que la caracteriza, Victoria Sendón de León: «¿A ver si ahora vamos a ser del género tonto?»

Pero la moda más perversa, ya lo he dicho, es la que dicta que ya no se puede responsabilizar a los varones de nada, ni siquiera de las obviedades: violencia de género, pornografía infantil, tráfico de seres humanos con fines de explotación sexual, prostitución, impago de pensiones... Basta con que una sola mujer esté en una de las redes, basta con una sola excepción femenina para que todos los varones sean exonerados de responsabilidad.

Y también la moda contraria, o más exactamente, complementaria: aquella que declara como verdad incuestionable que los varones están cambiando masivamente sus actitudes y sus vidas respecto a las mujeres, se están incorporando a la justicia social, cumplen sus responsabilidades como padres, no abusan del tiempo de sus esposas o compañeras, están empeñados en la lucha contra la violencia de género, rechazan mayoritariamente la explotación de las mujeres tanto en la prostitución como en la pornografía... Una verdad incuestionable a pesar de que todas las cifras, todos los datos y todos los indicadores nos digan lo contrario. Un ejemplo: España encabeza la lista de países consumidores de prostitución (39%) en Europa.[6]

6. «La trata con fines de explotación sexual», informe de APRAM, septiembre de 2011.

Pero como el discurso de la queja es un discurso envenenado, ahí están los datos de los que estamos cansadas:

La igualdad de derechos entre hombres y mujeres ya es, en el terreno discursivo, un valor y una aspiración con total legitimidad. Según los datos del CIS, el 95% de la ciudadanía está a favor de su consecución. Sin embargo, una parte importante, el 55%, reconoce que existen desigualdades muy o bastante grandes.

El modelo de familia en el que ambos miembros trabajan y se reparten las tareas del hogar es el que predominantemente prefiere la población española (72%), frente a los modelos más clásicos como el que solo un miembro tiene trabajo remunerado y el otro se encarga del cuidado del hogar e hijos (11%), o como el que uno de los miembros tenga un trabajo remunerado de menor dedicación para dedicarse más intensamente a las tareas familiares (15%).

Pero las aspiraciones igualitarias de la sociedad española se manifiestan en ocasiones de modo contradictorio. Por ejemplo, más del 90% opina que la ley debe asegurar la igualdad de oportunidades. Sin embargo, al descender a lo concreto, una parte importante de la población considera que la igualdad en el mundo laboral depende más de las mujeres que de cualquier ley, y que la conciliación es un tema privado y de nada sirve la intervención de las instituciones.

También se manifiesta una falta de coherencia entre los principios y las actitudes concretas. Así, más de la tercera parte de la población considera que, si fuera necesario, la mujer es el miembro de la pareja que debería reducir su dedicación al trabajo remunerado para cuidar del hogar y los hijos. Es decir, la igualdad en el terreno laboral y económico se asume siempre que no se cuestione la mayor dedicación de las mujeres, a quienes se presume, además, una mayor habilidad natural para el cuidado familiar.[7]

Y es que ya sabemos que la verdad y la razón nunca han tenido nada que hacer contra las mentiras del patriarcado. Lo dejó escrito Poulain de la Barre ¡en el siglo XVII!: «Es incomparablemente más difícil cambiar en los hombres los puntos de vista basados en prejuicios que los adquiridos por razones que les parecieron más convincentes o sólidas. Podemos incluir entre los prejuicios el que se tiene vulgarmente sobre la diferencia entre los dos sexos y todo lo que depende de ella. No existe ninguno tan antiguo ni tan universal.»[8]

Como consecuencia, se ovaciona, reconoce y admira a los varones que, son las excepciones, se suman decididamente al trabajo por la igualdad entre los sexos. Aunque no reconozcan que su trabajo tiene la raíz en el movimiento feminista ni que su obra nunca hubiese sido posible sin el trabajo de millones de mujeres. Es significativo el número de estudios y libros firmados por hombres y realmente realizados, en trabajos no reconocidos, por mujeres.[9] Buscar citas de mujeres en libros escritos por hombres, ardua tarea.

Cuando alguno lo hace bien, su éxito es mundial. Las tesis defendidas por el presidente de Estados Unidos, Barack Obama, solo las puede defender un hombre. Hillary Clinton nunca pudo llegar tan lejos. De hecho, no solo perdió frente a Obama, aunque su ideología esté más formada

7. Tercer Informe sobre la situación sociolaboral de las mujeres en España aprobado por el Consejo Económico y Social en pleno celebrado el 30 de noviembre de 2011.

8. Poulain de la Barre, «Sobre la igualdad de los sexos», en *Figuras del otro en la Ilustración francesa. Diderot y otros autores*, Alicia H. Puleo (estudio, traducción y notas), Escuela Libre Editorial, Madrid, 1996, p. 142.

9. Baste como ejemplo *El mundo de las mujeres*, de Alain Touraine, publicado en castellano por Paidós en 2007.

y su vida más comprometida con las mujeres, ha sido derrotada hasta por Donald Trump. Los libros de Stieg Larsson solo los podía haber escrito un varón. Ninguna mujer hubiese podido publicar un libro con el título *Los hombres que no aman a las mujeres* y haber conseguido un éxito mundial. ¡Bienvenidos todos! Pero que nadie se engañe, aún son una absoluta minoría.

Volvamos a los datos: En 2016, las mujeres dedican en promedio 1 hora y 57 minutos diarios más al conjunto de actividades de hogar y familia que los hombres. Esto ocurre en todos los tipos de hogares, pero especialmente en el caso del hogar formado por pareja con hijos, en que la dedicación diaria de la mujer casi duplica la dedicación del hombre (4 horas y 37 minutos la mujer, 2 horas 34 minutos el hombre). Pero quizás el dato más significativo es el que muestra que las madres solas con algún hijo dedican menos tiempo a estas tareas que las que están casadas, tanto si tienen hijos como si no los tienen.[10] Es decir, compartir la vida con un varón adulto da más trabajo a las mujeres que criar solas a uno o más menores.

Es el sector de los trabajadores, tanto activos como parados, el que más ha modificado sus pautas y ha hecho el mayor esfuerzo de trabajo doméstico; el de los jubilados y pensionistas está igual, sin cambios en los últimos años. Pero el perfil más preocupante es el de los estudiantes. Entre la población más joven resulta que ha descendido la proporción de muchachos que realizan alguna actividad doméstica, mientras que entre las chicas no ha variado. Si a estos datos unimos que son precisamente los jóvenes quienes menos

10. Instituto Nacional de Estadística (INE). Empleo del tiempo, conciliación trabajo y familia (actualizado 18 julio 2016) / 5.1 Tiempo medio diario dedicado a las distintas actividades. Actividades de hogar y familia (según tipo de hogar, según situación laboral).

implicados están con las demandas sociales de igualdad, deberíamos reflexionar sobre los agentes socializadores en la transmisión de los valores relativos a la igualdad.[11]

Esta actitud de la juventud tiene mucho que ver con el *velo de la igualdad*. Ese discurso también está de moda en los últimos años y tiene un efecto paralizante, incluso capaz de desacreditar las demandas de igualdad. Un discurso muy repetido en los medios de comunicación y que básicamente consiste en asegurar que la igualdad ya está conseguida, que la sociedad ha evolucionado a un ritmo vertiginoso y que no hay reivindicaciones pendientes.

Como ejemplo, un reportaje que aparece a toda página con el título «Fabricando al padre perfecto». En él se pone al piloto Marc Coma como ejemplo de ese 51% de «padres altamente implicados en la crianza de sus hijos» aunque a continuación se explica que «pasa unos 180 días al año compitiendo por distintos rincones del mundo. En 2012 quizá le cueste un poco más porque tendrá que separarse de Lluís, su bebé, de apenas tres meses». Pero aún más. Tras dedicar tres páginas a esa nueva figura del padre implicado que representa un profesional que pasa medio año fuera de casa, el propio reportaje destaca que las horas que dedican los hombres al cuidado de los hijos son 157 frente a las 561 horas que invierten las mujeres...[12]

Según la ley, las seis semanas inmediatamente posteriores al parto deben ser disfrutadas por la madre, pero ésta puede ceder el disfrute de las diez semanas restantes al padre. Solo el 1,8% de los hombres comparte con su mujer la baja maternal.

11. Tercer informe sobre la situación sociolaboral de las mujeres en España, Consejo Económico y Social, 2011.
12. Reportaje publicado en el Magazine de *El Mundo* el domingo 11 de diciembre de 2011.

Respecto a las prestaciones por paternidad, en 2010 se han acogido a ellas 275.637 hombres, frente a 326.571 mujeres, es decir, el 84,4% de los padres ha disfrutado del permiso de paternidad.

Las excedencias por cuidado de hijos e hijas o cuidado de familiares son cosa de mujeres. En 2010, para cuidado de menores a cargo, habían solicitado excedencia 33.251 mujeres frente a 1.567 hombres (4,7%), y para cuidado de familiares, 5.215 mujeres frente a 921 hombres (17,6%). La mayoría de los varones las solicitan por periodos entre 1 y 3 meses, mientras que la mayoría de las mujeres supera los 6 meses. El 22,7% de las mujeres con al menos un hijo o hija menor de 8 años declara haber reducido su jornada frente al 3,5% de los hombres.

El cansancio no es patrimonio de la generación desperdiciada que tiene en la memoria su cuarenta cumpleaños (por reciente o por inminente) pero quizás es la generación que sufre el cansancio más agudo, puesto que en el fondo éste se debe a la falta de cercanía entre los deseos y las realidades, entre las capacidades y posibilidades y los hechos.

Entonces, ¿de qué estamos cansadas?

Cansadas de leer las necrológicas y descubrir a mujeres de las que nunca habíamos oído hablar, o sí, pero pensábamos que habían fallecido porque no tenían hueco, ni voz, ni en los libros ni en los periódicos. Cansadas de rastrear como detectives nuestra propia historia, nuestros logros. Cansadas de leer entre líneas nuestros éxitos. Cansadas de que la teoría nunca la hayamos podido llevar a la práctica, ni siquiera para nosotras mismas. Cansadas de que desprestigien nuestro lenguaje, nuestro conocimiento, nuestras teorías. Cansadas de que cuando algún retazo de nuestra tradición intelectual es utilizado por algún varón sea aplaudido. Cansadas de que lo hagan sin citarnos. Cansadas de las iglesias, de todas las iglesias, empeñadas en robarnos lo más humano del ser humano, la libertad.

Podríamos decir que, a pesar de lo polémica que es la definición de Estado fallido, nos hemos convertido en mujeres fallidas.[13]

Cansadas de no tener. De no tener poder, de no tener dinero, de no tener tiempo libre, de no tener autoridad, de no tener derecho sobre nuestro propio cuerpo.

Cansadas de que se nos utilice, de que según los intereses electorales o, simplemente, los intereses de las cúpulas de los partidos políticos, se ponga o se quite un Ministerio de Igualdad, se creen o desaparezcan instituciones, se financien o desaparezcan de los presupuestos las políticas de igualdad. Cansadas de que, de pronto, los grandes ideales por los que se ha movido el mundo no incluyan a las mujeres. Es decir, los líderes mundiales no hablan de justicia social, de equidad, de libertad, de dignidad, de derecho a una vida autónoma, sino que hablan de aprovechar todos los recursos para salir de la crisis, de eficiencia, de buena gestión de todo el talento y recursos humanos, por lo tanto, de la necesidad de los países y las sociedades de no prescindir del talento, la formación y el trabajo de las mujeres. Nuestros líderes políticos, sociales y de opinión explican que es mucho más rentable entregar ayuda económica a las mujeres puesto que la gestionan mejor y, sobre todo, porque esa ayuda, por pequeña que sea, revierte en toda la familia, en sus hijos, en sus hijas y en el conjunto de la sociedad. Ahí reside el éxito de los microcréditos para mujeres.

13. Estado fallido: estado en el cual el Gobierno tiene poco control práctico sobre su territorio, sería aquel en el que no hay un Gobierno efectivo. El término también se utiliza en el sentido de un Estado que se ha hecho ineficaz y no puede hacer cumplir sus leyes.

Hasta podemos estar de acuerdo, pero ¿por qué tienen que ser micro, porque son para mujeres?

Estamos viviendo una supuesta igualdad basada en el utilitarismo de las mujeres, no en la defensa de nuestros derechos. Además, cuando se subraya la barbaridad, el argumento para defenderla es que es una idea de estrategia: tenemos que convencer, y el discurso tiene que ser que la igualdad es buena para toda la sociedad, para todas las sociedades. Claro, pero también para las mujeres en sí mismas. Este enfoque utilitarista está provocando una canalización del concepto de género sin que haya por detrás, en muchos casos, un objetivo claro de equidad. Habrá que decirlo de nuevo, sin pudor, a gritos: la felicidad de las mujeres sí importa, y su sonrisa, y sus sueños, y sus deseos, y, sobre todo, sus vidas.

Y ¿de qué más estamos cansadas? De las mentiras, de las medias verdades y de las mentiras a medias. De la soberbia. De la postergación continua. De ser la vanguardia. De la crítica. Del menosprecio. De la falta de respeto. De que se castigue severamente la apología del terrorismo pero no haya ni una sola condena por apología de la violencia contra las mujeres. De que la palabra de mujer valga la mitad, como marcan las leyes iraníes, de las que tanto nos escandalizamos en la Europa democrática. Y no es retórica. A pesar de que organismos tan poco sospechosos como el Consejo General del Poder Judicial hayan ratificado que las denuncias falsas por violencia de género interpuestas por mujeres solo son un mito y no representan ni el 0,1% del total, proporcionando un nivel de confianza y fiabilidad del 99 %, el mito pervive.

Como dejó dicho Susan Faludi: «Lo que ha hecho que se sintieran infelices las mujeres durante la última década no ha sido la igualdad —que aún no poseemos—, sino la creciente presión por detener, e incluso invertir, la búsqueda de esa igualdad.»[14]

Parece que, como diría Benedetti, cuando teníamos todas las respuestas nos cambiaron las preguntas. Y ahora, como mínimo, nos enfrentamos a dos. La primera, ¿quiénes son hoy los «guardianes del patriarcado» que están ejerciendo esa presión? ¿Cómo es posible que sigan ganando el pulso, incluso en sociedades donde la igualdad legal es una realidad, donde las mujeres han hecho una revolución personal tan potente que las ha llevado, por ejemplo, de tener prohibido el acceso a la universidad a ser mayoría en las aulas e incluso concluir los estudios con mejores expedientes que sus compañeros?

Los *guardianes* son numerosos, básicamente, todos aquellos que de ninguna manera están dispuestos a perder privilegios, pero quienes ejercen la presión son quienes pueden. Es decir, quienes tienen a su disposición los altavoces necesarios (fundamentalmente acceso a los medios de comunicación) para difundir un discurso engañoso, profundamente reaccionario pero habitualmente adornado, bien con un falso discurso de defensa de la igualdad, bien con la autoridad que la sociedad les regala. Y ahí están incluidas las jerarquías de las iglesias (que además de altavoces también tienen colegios donde se educa a niñas y niños en la desigualdad), algunos académicos que continúan cerrando puertas y desprestigiando el saber de las mujeres, algunos columnistas que con acierto han sido descritos como «habitantes de la caverna» por sus insultos, descalificaciones y exposición de opiniones impropias de ninguna época... Es decir, quienes están poniendo lastres diariamen-

14. Susan Faludi, *Reacción,* Círculo de Lectores, Barcelona, 1993.

te al cambio cultural necesario para dar el paso definitivo a una igualdad real entre mujeres y hombres.

En ese listado de ámbitos que lastran la igualdad en el momento actual, podemos destacar cuatro. En primer lugar, los medios de comunicación como altavoces del discurso retrógrado y neomachista; en segundo lugar, la cultura, entendida esta en su acepción más amplia, aquella que se refiere al conjunto de los modos de vida y costumbres, los conocimientos y grados de desarrollo artístico, científico e industrial en una época y grupo social. En tercer lugar, el mito del amor romántico que empuja a relaciones de pareja desiguales e incluso constituye el abono del maltrato. Y, por último, la escuela y la educación de niños y niñas tanto en el ámbito formal como en el informal.

Recuerdo el día que fui a comprar un mueble blanco, con cajones, para mi hijo de año y medio. La dependienta me consultó:

—¿Para un niño o para una niña?

No pude aguantar la curiosidad y le pregunté qué importancia tenía eso en un mueble blanco. Y ella me contestó:

—Pues claro que importa, si es niño le ponemos tiradores en forma de barcos y si es niña le ponemos corazones...

La dependienta tenía razón, importa y mucho. Nuestros niños no serán aventureros por los barcos con los que abran los cajones ni nuestras niñas creerán en el amor romántico por esos primeros corazones (probablemente rosas), pero la anécdota ilustra cuáles son los escenarios en los que colocamos a unos y a otras desde que nacen.

La inglesa Natasha Walter, en su libro *Muñecas vivientes. El regreso del sexismo*, rectifica su optimismo anterior sobre los cambios culturales conseguidos por las mujeres.

«No me imaginaba que acabaríamos así», es la rotunda primera frase del libro, y su tesis principal consiste en afirmar que «lo que vemos cuando miramos a nuestro alrededor no es la igualdad que buscábamos, es una revolución estancada».[15]

Efectivamente, la revolución que significa la igualdad se estancó cuando quienes defienden la desigualdad entre hombres y mujeres se apropiaron del discurso y en una aplaudida *performance* comenzaron a aludir, desde todas las tribunas públicas a su disposición (que continúan siendo la mayoría), a la retórica de la libre elección. Cuando desarrollaron una nueva misoginia, mucho más sutil pero tremendamente eficaz. Cuando retorcieron los conceptos y malversaron el discurso para en nombre de la igualdad defender justo lo contrario. Para asegurarse de que esa «libre elección» que hacen actualmente las mujeres iba en la dirección adecuada, contraatacaron con todas sus armas, también desde lo lúdico, desde la cultura y desde la infancia: los juguetes, las películas, los cuentos, los videojuegos, las canciones, la ropa, ¡el diseño de los muebles infantiles!... Las niñas ya no solo juegan con muñecas, sino que ahora se visten como ellas y quieren vivir como ellas; los niños admiran a los superhéroes y les imitan porque han naturalizado la violencia con la que éstos se relacionan. Así que, a pesar de tantas generaciones de mujeres empeñadas en la lucha por la igualdad, el mundo es más rosa y azul que nunca. Los barcos y los corazones no son tan inocentes.

15. Natasha Walter, *Muñecas vivientes. El regreso del sexismo*, Turner, Madrid, 2010.

2

¿Por qué no puedo olvidar a Lola Muñones?

Vivimos esta vida como si lleváramos otra en la maleta.

ERNEST HEMINGWAY

Nunca olvidé a Lola Muñones. A Lola la creó Maruja Torres en un artículo que publicó en 1987. Yo era por entonces una estudiante de periodismo que seguía con devoción las grandes firmas, que recortaba los artículos que me impresionaban y que intentaba absorber todo lo que la vida me proporcionaba. Recorté aquel artículo de Maruja, claro, pero no me hacía falta. Lola se hizo mi amiga para siempre.

Lo curioso es que, desde hace algún tiempo, no consigo quitármela de la cabeza. Es como si se hubiese divorciado y se hubiese mudado a mi casa. Como eso no era posible, decidí buscar aquella columna que ni la propia Maruja guardaba y releerla para convencerme de que no me estaba volviendo loca. Cuando la encontré, me di cuenta de su potencia. Era la gran metáfora.

[...] Era una mujer emancipada, típico producto de la segunda mitad de este siglo [el XX], inteligente y capaz. Había estudiado con denuedo y conseguido como premio a sus esfuerzos una interesante profesión que no viene el caso mencionar pero en la que se movía como pez en el agua, recibía plácemes por arriba y por abajo, e incluso la hizo disponer de una situación económica de esas que se suelen calificar entre holgadas y envidiables.

Tenía todo lo que una mujer liberada puede ambicionar. Ideas respecto al mundo que la rodeaba, varias habitaciones propias con vistas, dinero y hasta a Ruphert cuando lo necesitaba. Pero en su vida existía un gran vacío. Le faltaba un hombre. No es que Lola careciera de éxito entre el sexo generalmente opuesto. Ningún problema a la hora de ligar. Pero, ¿dónde estaba ese varón impecable dispuesto a ofrecerle un anillo con una fecha por dentro, capaz de darle de cuando en cuando el reposo de la guerrera con derecho a pantufla? Los hombres no se querían comprometer con Lola. Algo habrá hecho, comentaban las comadres. Ella misma, desesperada, se decía: «Algo habré hecho.» Aunque no lograba descubrir qué.

Hasta que un día, ocurrió. A Lola, en pleno desarrollo de su quehacer profesional, se le cayeron las gafas y sin darse cuenta las pisó. Como era la suya una miopía bastante considerable, lo primero que hizo a continuación fue darse de bruces contra un archivador. En ese momento, cinco varones de la oficina, cinco, se levantaron como el rayo para socorrerla. Durante esa jornada en que permaneció sin los lentes, Lola recibió más atenciones varoniles que en toda su vida anterior. Por la noche, ya en casa, Lola —que no era tonta— reflexionó. Y decidió no ir al óptico para que le hiciera otras gafas.

La vida empezó a ser, en el capítulo de galanterías, infinitamente más placentera para ella. Los hombres, en vez de tratarla como a una igual y luego desaparecer empavorecidos, iniciaron una nueva fórmula de relación, esa mezcla de protección e indiferencia con que se suele uno dirigir a la mujer todavía considerada sexo débil y de la que se espera admiración y flojera. Por supuesto que Lola solo les miraba con arrobo porque no distinguía bien entre Juanito y Pepito, pero ellos no se percataron. En el transcurso de la primera semana de voluntaria cegatez a Lola le salieron dos pretendientes relativamente serios.

Lo de la miopía, con todo, no era suficiente. Uno de los pretendientes huyó a uña de caballo cuando Lola comentó, entre tinieblas, que las opiniones del susodicho respecto al índice de inflación le parecían una estupidez, y el otro parecía haberse acostumbrado a verla andando siempre a tientas. Aterrada, de nuevo se hizo la fatal pregunta: «¿Qué he hecho?» Comprendió que lo de las gafas estaba superado. Y tras mucho barruntar, cogió el cuchillo eléctrico Moulinex y se cortó las dos manos. A la mañana siguiente cuando llegó a la oficina con los muñones bien cauterizados y vendados, no cinco sino diez galanes la rodearon obsequiosamente. Y el pretendiente que parecía más fijo redobló sus encantadoras muestras de protección y ternura.

Así fue transcurriendo el tiempo. Poco a poco, la buena de Lola iba constatando que cada vez que cometía un lapsus y emitía una brillante opinión había un inexplicable retroceso en sus relaciones con los hombres, y especialmente con el que parecía más atraído por ella. Y, cada vez que eso sucedía, Lola no tenía otro remedio que amputarse nuevamente algo. Ahora una pierna, ahora otra, ahora una oreja, ahora otra. En la empresa la metieron en el seguro de invalidez total y permanente, y ahora ya estaba en casa, hecha un tronquito, aunque eso sí, feliz, porque él la visitaba cada día y le traía flores y bombones.

Lamentablemente, una tarde ella le comentó que en vez de tanto dulce preferiría un libro y él estuvo quince días sin aparecer. Cuando lo hizo, la unción de la pareja se consolidó para siempre, porque él le entregó una caja de marrons glacés y ella le obsequió con el objeto de su última amputación: la lengua, metida en un precioso estuche adamasquinado.

Se casaron en los Jerónimos a la semana siguiente. Él la llevaba en brazos, envuelta en tules. Y pensara lo que pensara, Lola Muñones estaba radiante y parecía feliz. Y es que todas las novias resultan guapas el día de su boda.

Querida Lola Muñones, aún seguimos igual. Hemos cumplido los 40 y hemos cambiado de siglo, pero seguimos cansadas de mutilarnos para conseguir el «amor verdadero». ¿Quién no reconoce que, como testimonió la periodista británica libanesa Hala Jaber, «hubo un tiempo en el que trabajaba como un hombre para olvidar que era una mujer»?

El año que cumplimos 40 años, muchas de nosotras no teníamos pareja. Buena parte de nuestro cansancio venía de ahí, de las relaciones tan desiguales que habíamos mantenido. Estábamos cansadas de tanto trabajo, cansadas de cuidar, cansadas de discutir lo obvio, cansadas de que no había manera de repartir por igual, exactamente igual, los tiempos, el ocio, las amistades, las familias, los gustos, el dinero y, sobre todo, lo que no se veía, la generosidad, la empatía, la preocupación... Cansadas, además, de hacer la ola cada vez que se producía algo parecido a «lo que debería ser», cansadas de llevar el peso de la relación y, también, de las exigencias que no se sabe por qué nos habían caído en el reparto. Si queríamos que nuestras parejas fueran igualitarias, teníamos la obligación de formarles, enseñarles, hacer el proceso por ellos y, por supuesto, tener paciencia. «¡Me han educado así!», era la respuesta habitual. Como si nosotras hubiésemos ido a colegios diferentes, hubiésemos crecido en familias diferentes o hubiésemos tenido otra tele. No se libraban de esto ni siquiera los «mejores» aparentemente. Todos los estudios indican que los hombres más igualitarios son aquellos que han tenido una pareja feminista o segura de sus derechos y que ha peleado por ellos y se los ha exigido continuamente. ¡Qué agotamiento!

Cansadas, también, de sus caras de fastidio cuando nos iba bien. Cansadas de que no acompañaran en el éxito. Cansadas de que se sintieran menos por nuestros triunfos y en vez de celebrarlos casi tuviéramos que pedir perdón. Cansadas, en definitiva, de tanto compromiso con ellos mismos y tan poco con su pareja. Según el Instituto Nacional de Estadística, la edad media de las mujeres en el momento de la disolución de su matrimonio es de 41,2 años y la duración media de los matrimonios es de 15,5 años.

Y, ¿cómo son los hombres actuales respecto a las mujeres? Según el psicoterapeuta Luis Bonino, respecto a los cambios realizados por las mujeres, se pueden dividir en tres perfiles. En un primer lugar estarían los hombres favorables a los cambios de las mujeres. Las investigaciones indican que estos hombres representan actualmente no más del 5% de la población europea. Otros, en aumento, son acompañantes pasivos que delegan la iniciativa en las mujeres y también están los varones utilitarios, que no cuestionan su propio rol pero que se benefician de los cambios de las mujeres (por ejemplo, que su pareja tenga un buen trabajo y un buen sueldo), sin reciprocidad. Son llamados también igualitarios unidireccionales ya que aceptan que las mujeres asuman «funciones masculinas», pero no a la inversa. En la práctica, estos varones son desigualitarios porque sobrecargan a las mujeres.

Luego están todos los contrarios a los cambios de las mujeres que conforman el *neomachismo* o *posmachismo*, como lo denomina Miguel Lorente, médico forense y ex delegado del Gobierno para la violencia de género, en su libro *Los nuevos hombres nuevos. Los miedos de siempre en tiempo de igualdad*. Lorente sostiene que el género masculino ha urdido nuevas tramas para defender su posición de poder y éstas se basan en los supuestos problemas que la incorporación de las mujeres a la vida activa ha tenido, sobre todo en el ámbito de las relaciones familiares. «Cambiar para seguir igual: ése ha sido el compromiso de los hombres para adaptarse a los tiempos, a las modas y a las circunstancias sin renunciar a su posición de poder, y sin que ninguno de los cambios deteriorara su sólida posición en la estructura social», afirma Lorente. Es más, añade que muchos de los que se manifiestan como defensores de las mujeres en realidad no lo son. Son los mismos de siempre, con distinta envoltura.

MICROMACHISMOS

El 16M, en la Puerta del Sol, bajo las carpas que habían decidido ocupar la plaza tan solo un día antes, había un cartel hecho a mano con rotulador azul que decía: «Taller Micromachismos. Hoy 18.30. Aquí.» ¿Cómo llegaron los micromachismos hasta la madrileña plaza? Todo comenzó a principios de los años noventa, cuando Luis Bonino puso nombre a las maniobras cotidianas que los hombres realizan para conservar, reafirmar o recuperar el dominio sobre sus parejas. Maniobras invisibles pero dañinas. El término ha vuelto a la actualidad de la mano del posmachismo y ha salido de la esfera personal al detectarse en los movimientos sociales y en el ámbito público.

El nacimiento de los micromachismos recuerda al de la ya clásica «mística de la feminidad», cuando la norteamericana Betty Friedan bautizó aquel «malestar», aquello de lo que se hablaba como «el problema que no tenía nombre» y, sin embargo, estaba destruyendo a las mujeres tras la Segunda Guerra Mundial. Mujeres que acudían al médico aquejadas de un malestar y una fatiga crónica que ningún especialista era capaz de diagnosticar. La mística de la feminidad identifica mujer con madre y esposa, cercena toda posibilidad de realización personal y culpabiliza a todas aquellas mujeres que no son felices viviendo solamente para los demás.

Algo muy parecido a lo que me explicaba Bonino que se encontró en su consulta, a principios de los noventa: «Llevaba años trabajando con pacientes mujeres que se sentían mal en sus relaciones de pareja, estaban confusas y se lo atribuían a ellas mismas, a causas internas. Me di cuenta de que no era cierto, que tenía que ver con mensajes que sus parejas habían inoculado en ellas.»

En una de esas consultas en las que la mujer relataba problemas en las relaciones sexuales con su marido —de las que ella se culpabilizaba—, a Bonino se le ocurrió preguntarle: «¿Él es disfrutable?» La mujer se quedó en silencio un rato y luego comenzó a relatar características que desde luego no lo hacían atractivo. «Él la culpabilizaba completamente —relata Bonino—, y me di cuenta de que esa culpabilización tenía otra cara de la moneda, la "inocentización". Si ella era la culpable, él era el inocente y bueno, además.»

A partir de ese día, a Bonino le pareció importante comenzar a nombrar «todo lo que hacemos los hombres para mantener nuestra "tarjeta VIP", esos privilegios con los que nacemos y nos resistimos a abandonar».[16] La imagen es muy gráfica, según Luis, los hombres nacen con una tarjeta VIP en el bolsillo. Para conseguir la igualdad tienen que romperla, desprenderse de los privilegios y eso, sin duda, no es fácil.

El nombre de micromachismos nace en la estela del término *micropoderes* del sociólogo francés Michel Foucault y, como en este caso, micro no se refiere a «poca cosa» o «poco importante» sino a que son casi imperceptibles, están especialmente invisibles y ocultos para las mujeres que los padecen y para la sociedad en general. «Es como un microbio —explica Bonino—, lo pequeños que son y el mal que algunos causan.»

Miguel Lorente asegura que el posmachismo ha rescatado los micromachismos para hacer de ellos un lenguaje habitual, no solo un recurso ocasional, y que además se apoya en los tres elementos que lo caracterizan: «El cientificismo, la neutralidad y el interés común, de manera que no parezca que el debate está en determinados hombres o en algunas parejas ni en ciertas circunstancias, sino que se trata de un planteamiento amplio en defensa de determinados valores y formas de organizar la convivencia que desprecia la igualdad.»

16. VIP. *Very Important People*. Persona Muy Importante.

¿Cuál es el objetivo? Bonino y Lorente coinciden en su análisis: que todo siga igual, que no haya cambios. Para Miguel Lorente, de este modo, «se defiende la desigualdad desde una aparente igualdad basada en "medidas para hombres y mujeres", no solo para mujeres. Si los cambios no se producen, la consecuencia es que las referencias continuarán construidas sobre la desigualdad y las manifestaciones (violencia de género, discriminación, precariedad, pobreza...) no se entenderán como estructurales, sino como parte de circunstancias individuales».

El cambio del que se presume en la masculinidad tradicional es solo aparente, subraya Luis Bonino. «Es cierto que el machismo puro y duro ya no se lleva, pero eso no significa que los varones dejen de naturalizar su posición de privilegio social. Es más, podemos decir que respecto a la masculinidad tradicional también tenemos *hombres nini*. Si el modelo clásico se definía con las tres p, la obligación de los varones de ser proveedores, protectores y procreadores; ahora hay muchos hombres que ni proveen ni protegen ni procrean, son más afectivos, incluso encantadores, pero ¿qué aportan a las mujeres? ¿Están construyendo relaciones igualitarias o simplemente mejorando aún más su estatus? Es decir, van dejando sus obligaciones tradicionales pero no dejan de ejercer su poder.» Una de las pacientes de Bonino, lo explica con claridad: «Lo de menos es si los hombres ya se permiten llorar o no. Lo importante es que no continúen haciéndonos llorar a las mujeres.»

El ejercicio de los micromachismos no es siempre intencional. Con frecuencia, son hábitos de funcionamiento de los varones frente a las mujeres que realizan de modo automático, sin reflexión. Otros, sin embargo, son absolutamente conscientes. Por ejemplo, la mentira, el engaño, negar lo evidente, las «impericias selectivas» —no ser capaz de poner una lavadora pero manejar con soltura el *iPad* que le regalaron ayer—, el silencio, no dar explicaciones, los «escaqueos en las tareas domésticas» —pueden ser inconscientes hasta que se reclaman por parte de la pareja, entonces dejan de serlo—. Otros ejemplos de micromachismos que se ejercen con plena conciencia son refugiarse en el «estilo». Es uno de los más habituales, responde a la situación en la que una mujer reclama algo y encuentra como respuesta «si me lo hubiese dicho de otra manera, lo entendería». Ella busca la forma de decírselo «para que lo entienda» y cuando ya lo ha hecho mil veces, explota; entonces, vuelve a recibir la misma respuesta «con esas formas, no hay manera», es decir, inmediatamente la culpabiliza a ella y niega lo evidente. También se ejercen de forma consciente la pseudonegociación —que además falsea la comunicación—. Como actualmente no es políticamente correcto ser inflexible, se cubren las apariencias hablando de los problemas pero sin negociar la solución ni moverse de su posición. Y es muy habitual reclamar tiempo. Este micromachismo se usa cuando la mujer ya exige un cambio. Él reconoce que ella tiene razón pero posterga el comienzo de dicho cambio: «Necesito tiempo, claro que lo hablaremos, pero no en caliente...» O aguanta el envite —le da la razón y se mantiene en su posición el tiempo que haga falta, hasta que ella se canse—. Los micromachismos, subraya Lorente, en la actualidad forman parte del posmachismo, entendido como una posición activa en contra de la igualdad.

EL MITO DEL AMOR ROMÁNTICO

El año que cumplimos 40 años, yo tenía un trastero en Leganés. Era la frase que, a modo de mantra, repetíamos en el círculo de amigas para exorcizar las mentiras del amor romántico, la frase que nos hacía reír y poner los pies en el suelo. «Yo tenía un trastero en Leganés» es sin duda mucho más prosaica que la ya mítica «Yo tenía una granja en África», pero el año que cumplimos 40 años ya estábamos cansadas de Hollywood y sus grandes mentiras, ya sabíamos, nos lo había explicado Gabriela Acher, que el *Príncipe azul destiñe*.[17] ¡Cuánto daño han hecho a nuestra generación películas como *Memorias de África*, *Oficial y Caballero* y *Pretty Woman*! Sin embargo, aún no teníamos respuesta a la pregunta que la propia Acher había tratado de contestar: «Si soy tan inteligente... ¿por qué me enamoro como una imbécil?»

Hace unos cuantos años, quizá nueve o diez, al terminar una jornada sobre violencia de género con organizaciones de mujeres de Pamplona, les pregunté qué planes tenían, sobre qué cuestiones iban a trabajar en los meses siguientes, y me contestaron que sobre el amor.

Confieso que casi me molestó. Con todo lo que teníamos que hacer, con tantas cuestiones todavía por arreglar, pensaba yo, ¡y aquellas mujeres valiosas estaban decididas a dedicar sus esfuerzos al amor! Se lo dije, comenzamos a hablarlo, casi a discutirlo y me fui de allí un tanto decepcionada.

Pero le di vueltas a la idea porque si ellas estaban tan convencidas, por algo sería. Y comencé por mí misma. Co-

17. Gabriela Acher, *El príncipe azul destiñe: ¿Por qué los hombres y las mujeres nos empeñamos en entendernos?*, La esfera de los Libros, Madrid, 2005.

mencé a preguntarme qué significaba el amor en mi vida, las relaciones de pareja, cómo habían sido, por qué habían funcionado o no y a fijarme en las mujeres que me rodeaban y hacer el mismo análisis.

Pasado un tiempo, me di cuenta de que, por supuesto, tenían razón, claro que tenían razón. Yo era la equivocada. El amor y las relaciones de pareja continúan alimentando la desigualdad. Como diría Cristina Almeida, aún no hemos encontrado la *justicia afectiva*.

Coral Herrera, que dedicó su tesis doctoral al amor romántico, mantiene como argumento central de su libro que las emociones están mediadas culturalmente y predeterminadas por los mitos, los relatos, los estereotipos y tabúes que las han devaluado durante siglos a la categoría de sentimientos irracionales no susceptibles de ser investigados con rigor académico.[18] Sin embargo, la mitificación del romanticismo patriarcal, las utopías emocionales de la posmodernidad y la existencia de ciertas ideas etiquetadas como *normales* o *naturales* han sido concebidas por nuestra cultura para perpetuar las estructuras sentimentales tradicionales y legitimar la organización económica y política de la sociedad occidental.

Una teoría coincidente con la que expuso Anna G. Jónasdóttir cuando se planteó la pregunta: *¿Le importa el sexo a la democracia?* Jónasdóttir llegó a la conclusión de que el amor, como poder alienable y práctica social, es básico para la reproducción del patriarcado.[19]

Efectivamente, no se puede excluir las relaciones de pareja del análisis de poder y mucho menos del cuestiona-

18. Coral Herrera, *La construcción sociocultural del amor romántico*, Editorial Fundamentos, Madrid, 2010.
19. Anna G. Jónásdóttir, *El poder del amor. ¿Le importa el sexo a la Democracia?*, Cátedra, col. Feminismos, Madrid, 1993.

miento que hacemos al resto de los aspectos que rodean nuestra vida.

Entonces, ¿por qué las mujeres dedicamos tantos esfuerzos a modernizar la vida social, la cultura, las leyes, la política y no a modernizar el amor? No ha sido un olvido. Hay numerosos trabajos sobre el amor en esa dimensión personal y política. Sin embargo, no hemos sido capaces de desarticular el imaginario construido por el mito del amor romántico y probablemente el mandato social es más potente de lo que nunca imaginamos. Como dice Coral Herrera, el amor romántico, pese a que siempre se ha tratado como un fenómeno afectivo que sucede en el interior de las personas, es una construcción sociocultural que se ha expandido por todo el planeta gracias a la globalización. De hecho, en países como India o Japón el amor romántico comienza a ser el principal motivo para contraer matrimonio, por encima de su función económica y social.

El patrón del amor romántico no sirve y, sin embargo, llegamos a pensar que las que no servimos somos nosotras, llegamos a culpabilizarnos de no tener o no poder mantener en el tiempo una pareja y llegamos a pensar que solo nos ocurre a nosotras porque, a nuestro alrededor, la literatura, el cine, la música, las series de ficción televisiva, los relatos de tradición oral, no dejan de mostrarnos amores románticos y pasionales, envidiables. Y es que el amor, además de una fuente inagotable de productos culturales, también es un dispositivo político.

El discurso globalizado insiste en que el amor se da solo, no necesita análisis, no necesita conocimiento. El amor llega inesperadamente, no hay que buscarlo, siempre te encuentra, te sale de forma natural del corazón (nunca de la cabeza, eso está muy mal visto) y solo necesitas entregarte. «Mujer, déjate querer... mujer, mujer.» Sin embargo, el amor es histórico, es decir, está condicionado por las épocas y por las culturas; está especializado por género, lo que quiere decir que tiene normas y mandatos diferentes para las mujeres y para los hombres y, además, va de la mano del poder.

Podemos señalar, en la cultura occidental, a grandes rasgos, y siguiendo a la antropóloga mexicana Marcela Lagarde, al menos cinco formas del amor.[20] Así, al menos podemos distinguir entre el amor cristiano, el amor cortés, el amor burgués, el amor victoriano o el amor romántico. Explica Lagarde que el amor romántico es el amor-pasión que nace como respuesta al victoriano. Se reivindica el amor fuera de las instituciones, de los papeles, del matrimonio. Aún hoy se mantiene la tendencia de considerarlo como ejemplo de libertad y de considerar el romanticismo como algo positivo. Sin embargo, lo romántico lleva implícito lo trágico. La esencia del romanticismo es jugárselo todo, incluso la propia vida, por un instante de amor.

Desde los inicios del siglo XIX, surge la conexión entre los conceptos de amor romántico, matrimonio y sexualidad que llega hasta nuestros días. Y es a lo largo de las últimas décadas en la cultura occidental cuando esta relación se ha ido estrechando cada vez más, llegando a considerarse que el amor romántico es la razón fundamental para formar una pareja y para mantenerla, para casarse. El amor romántico se hace popular y normativo, el matrimonio aparece como elección personal y el amor romántico y la satisfacción sexual deben lograrse en el matrimonio. Como lo define Coral Herrera, el amor romántico como cons-

20. Marcela Lagarde, *«Para mis socias de la vida». Claves feministas para el poderío y la autonomía de las mujeres... los liderazgos entrañables... las negociaciones en el amor*, horas y HORAS, Madrid, 2005.

trucción sociocultural sostiene en la actualidad la base de la sociedad capitalista, democrática y patriarcal: el matrimonio y su extensión, la familia nuclear tradicional. Y su idealización invisibiliza la ideología subyacente a un tipo de pareja basada en la propiedad privada, la eternidad y la magia. En definitiva, el amor romántico es un producto mítico que influye y conforma la organización social. Nuestro ideal de amor erótico ha quedado modelado por el romanticismo que, como un producto cultural occidental, se ha expandido por todo el mundo gracias a la industria cultural y a la globalización.

Gabriela Ferreira ha realizado todo un listado con las características de lo que el amor romántico implica:[21]

- Entrega total a la otra persona.
- Hacer de la otra persona lo único y fundamental de la existencia.
- Vivir experiencias muy intensas de felicidad o de sufrimiento.
- Depender de la otra persona y adaptarse a ella, postergando lo propio.
- Perdonar y justificar todo en nombre del amor.
- Consagrarse al bienestar de la otra persona.
- Estar todo el tiempo con la otra persona.
- Pensar que es imposible volver a amar con esa intensidad.
- Sentir que nada vale tanto como esa relación.
- Desesperar ante la sola idea de que la persona amada se vaya.
- Pensar todo el tiempo en la otra persona, hasta el

21. Graciela Ferreira, *Hombres violentos, mujeres maltratadas*, Editorial Sudamericana, Buenos Aires, 1995.

punto de no poder trabajar, estudiar o prestar atención a otras personas menos importantes.

- Vivir solo para el momento del encuentro.
- Prestar atención y vigilar cualquier señal de altibajos en el interés o el amor de la otra persona.
- Idealizar a la otra persona no aceptando que pueda tener algún defecto.
- Sentir que cualquier sacrificio es positivo si se hace por amor a la otra persona.
- Tener anhelos de ayudar y apoyar a la otra persona sin esperar reciprocidad ni gratitud.
- Obtener la más completa comunicación.
- Lograr la unión más íntima y definitiva.
- Hacer todo junto a la otra persona, compartirlo todo, tener los mismos gustos y apetencias.

En realidad, este listado constituye todo un entramado de ideas y creencias irracionales frente a un conjunto de mitos, frente a un modelo de conducta imposible de seguir y que, por tanto, fácilmente desembocará en desengaños y frustraciones.

Siguiendo a Esperanza Bosch, estas características se basan en toda una serie de mitos, entendidos éstos como creencias formuladas de tal manera que parecen verdades absolutas poco o nada cuestionables.[22] Un tipo de creencias, además, que poseen una carga emotiva muy potente y que resisten el paso del tiempo frente a la crítica desde la razón.

Algunos de los mitos sobre los que se asienta el amor romántico han sido recopilados y explicados por Carlos

22. Esperanza Bosch, directora del equipo investigador, *Del mito del amor romántico a la violencia contra las mujeres en la pareja. Año 2004-2007*, Instituto de la Mujer, Madrid.

Yela.[23] En primer lugar, el mito de la media naranja. Éste consiste en la creencia de que elegimos a la pareja que teníamos predestinada de algún modo y que ha sido la única elección posible. Este mito tiene su origen en la Grecia Clásica (con el relato de Aristófanes sobre las almas gemelas) y se intensifica con el amor cortés y el romanticismo. La aceptación de este mito podría llevar a un nivel de exigencia excesivamente elevado en la relación de pareja, con el consiguiente riesgo de decepción, o a una tolerancia excesiva en el marco de esa relación, al considerar que siendo la pareja ideal hay que permitirle más o esforzarse más para que las cosas vayan bien.

El mito del emparejamiento describe la creencia de que la pareja heterosexual es algo natural y universal y que la monogamia amorosa ha estado presente en todas las épocas y todas las culturas. Este mito fue introducido por la cristiandad. Por su parte, el mito de la fidelidad remite a la creencia de que todos los deseos pasionales, románticos y eróticos deben satisfacerse exclusivamente con una única persona, la propia pareja, si es que se la ama de verdad.

El mito de los celos identifica éstos como un signo de amor, incluso el requisito indispensable de un *verdadero* amor. Este mito es también introducido por la cristiandad y constituye un garante de la exclusividad y la fidelidad. También está presente en el amor romántico el mito de la omnipotencia o creencia de que «el amor lo puede todo» y por tanto si hay verdadero amor no deben influir los obstáculos externos o internos sobre la pareja. Es suficiente con el amor para solucionar todos los problemas.

23. Carlos Yela, en *Del mito del amor romántico a la violencia contra las mujeres en la pareja. Año 2004-2007*. Equipo investigador dirigido por Esperanza Bosch, Instituto de la Mujer, Madrid, 2003, pp. 28-30.

El mito del libre albedrío consiste en la creencia de que nuestros sentimientos amorosos son absolutamente íntimos y no están influidos por factores socio-bio-culturales ajenos a nuestra voluntad y conciencia. Junto a él, el mito del matrimonio o de la convivencia, que consiste en la creencia de que el amor *romántico-pasional* debe conducir a la unión estable de la pareja y constituirse en la única base de la convivencia de la pareja. Idea reforzada por el mito de la pasión eterna o de la perdurabilidad, esto es, creencia de que esa pasión de los primeros meses de una relación puede y debe perdurar tras años de convivencia. Este mito surge también muy ligado a esta nueva corriente, ya que si amor, pasión y matrimonio van unidos y se pretende que el matrimonio sea duradero, la pasión y el amor deben serlo también.

El amor romántico resulta conflictivo especialmente si se pone en relación con la contradicción a la que Marcela Lagarde llama *sincretismo de género* y que básicamente consiste en que las mujeres contemporáneas somos una mezcla de mujeres tradicionales y de mujeres modernas. Una mezcla que produce tensiones y conflictos internos muy profundos puesto que, a juicio de Lagarde, el amor, aspecto tan central en la vida, resulta el espacio más tradicional en las mujeres modernas.

Mitos reproducidos en los refranes: «Quien bien te quiere te hará llorar»; en los dichos: «El amor es ciego», y en la poesía:

> *En mi cielo al crepúsculo eres como una nube*
> *Y tu color y forma son como yo los quiero.*
> *Eres mía, eres mía, mujer de labios dulces,*
> *Y viven en tu vida mis infinitos sueños.*

PABLO NERUDA

En los cuentos infantiles donde quizás el paradigma sea *La Bella Durmiente*, la princesa que permanece en un sueño profundo durante cien años hasta que llega un príncipe (que por supuesto no conoce) y con un beso la despierta a la vida, es decir, al amor a primera vista y para siempre: «fueron felices y comieron perdices».

El amor romántico en ningún momento habla de relaciones igualitarias, todo lo contrario. Indica que el verdadero amor es ciego, incondicional, irrenunciable, se le puede y se le debe entregar la vida entera y no acepta cuestionamientos ni dudas ni traiciones ni siquiera de pensamiento puesto que, si no, no sería un verdadero amor. En realidad, es un marco ideal para las relaciones de maltrato. Y así lo señalaba ya en 1988 un informe de la Oficina del Defensor del Pueblo, uno de los primeros que se dedicaron íntegra y directamente al análisis de la violencia de género: «También debemos resaltar (entre los factores de vulnerabilidad a la violencia contra las mujeres en la pareja) el concepto de amor romántico, con su carga de altruismo, sacrificio, abnegación y entrega que todavía se les inculca a algunas mujeres. Esta forma de amar puede generar angustia y sometimiento total y absoluto a la pareja.»

Y esto es así porque, como explican Rosaura González y Juana Santana, quienes asumen este modelo de amor romántico y los mitos que de él se derivan, tienen más probabilidades de ser víctimas de violencia y de permitirla puesto que consideran que el amor (y la relación de pareja) es lo que da sentido a sus vidas, y que romper la pareja, renunciar al amor, es el fracaso absoluto de su vida (y no la promesa de una vida mejor).[24] Que, como *el amor todo lo*

24. Rosaura González y Juana Santana, *Violencia en parejas jóvenes. Análisis y prevención*, Pirámide, Madrid, 2001.

puede, han de ser capaces de allanar cualquier dificultad que surja en la relación y/o de cambiar a su pareja (incluso aunque sea un maltratador), lo que las lleva a perseverar en esa relación violenta; que *la violencia y el amor son compatibles* (o, incluso, que ciertos comportamientos violentos son una prueba de amor, como veíamos en el mito de los celos); o que el afán de posesión y los comportamientos de control ejercidos por su maltratador son una muestra de amor, llegando, incluso, a sugerirse que el amor sin celos no es amor, y trasladando la responsabilidad del maltrato a la víctima por no ajustarse a dichos requerimientos. En definitiva, y como señalan estas mismas autoras: «Un romanticismo desmedido puede convertirse en un serio peligro.»

Por si todo esto fuera poco, como diría Lagarde, además, el amor, como distorsionador social, permite mirar con mucha tolerancia los defectos masculinos. Parece entonces que estamos metidas en un círculo vicioso.

Estamos cansadas, muy cansadas, de esos *defectos* masculinos, que en ocasiones son más, mucho más que defectos (no volveré a enumerar la violencia, la trata con fines de explotación sexual...). Y, sin embargo, no conseguimos desarticular esa concepción tan dañina del amor que impregna nuestra cultura y que nos hace dar vueltas en torno a la maldita pregunta: *Si soy tan inteligente...*

3

Memorias de una asesora
del Ministerio de Igualdad

> El primer gesto revolucionario es decir las cosas por su nombre.
>
> ROSA LUXEMBURGO

—¿Puede que sea una de tus amigas la nueva ministra de Igualdad?

Era Carolina Martín, compañera de la revista *Tiempo*, quien me telefoneaba un viernes por la noche haciéndome esa pregunta.

—¿Ministra de Igualdad? ¿Desde cuándo tenemos Ministerio de Igualdad? —le contesté confusa.

Yo estaba viviendo mi proceso de maternidad recién estrenada y vivía completamente al margen de la actualidad y, mucho más, de todos los rumores propios de la formación de un nuevo Gobierno.

Era cierto. Se trataba de Bibiana Aído. Carolina recordaba que había ido de número dos en la lista del PSOE por Cádiz, detrás del presidente Chaves, en las elecciones al

Parlamento de Andalucía y que durante la campaña electoral habíamos hablado con ella en distintas ocasiones.

A la mañana siguiente llamé a Bibiana y me confirmó los rumores. Así era, el presidente Zapatero le había confiado el hasta el momento inédito Ministerio. El año que teníamos cuarenta años se creó el Ministerio de Igualdad.

Hacía tiempo que nos conocíamos, desde que Bibiana Aído me invitó a dar una conferencia en Cádiz. Había leído mi libro, *Feminismo para principiantes*, le había gustado y pensaba que era una buena herramienta para trabajar con la juventud. Le acepté la invitación y el día de la charla me vino a recoger a la estación del AVE en Sevilla.

Nos fuimos hasta Cádiz, comimos juntas, por la tarde dimos la conferencia y luego seguimos hablando mientras cenábamos con un montón de gente. Nos hicimos amigas. Bibiana era una mujer joven, con trayectoria en el partido socialista, con ganas de cambiar las cosas, de trabajar, y con muchísima curiosidad. Le preocupaba especialmente la juventud, su formación, lo que ésta representaba como herramienta de transformación del futuro. Repetimos la experiencia a menudo. Luego llegó su nombramiento al frente de la Agencia Andaluza de Flamenco, pero ella no abandonó su compromiso con la Igualdad ni su militancia feminista. En esos años consolidamos una amistad entre Cádiz y Madrid.

Así que solo me sorprendió el nombramiento por su edad. No le faltaban ni ganas, ni experiencia en el partido.

Me contestó la llamada sin decir ni hola.

—Es verdad, es verdad. Te vienes conmigo. Tienes que ser la jefa de Gabinete.

—¿Cómo? Acabo de ser madre y no soy ni militante del partido.

—No importa. Vamos a cambiar las cosas. El presidente está convencido.

¿Cómo decir que no? Para una feminista, aquello era un sueño... Aunque antes de que nos diésemos cuenta, el sueño se convirtió en pesadilla.

La recomendación de crear un Ministerio de Igualdad formaba parte de los acuerdos de la Plataforma de Acción de Beijing, como se conoce al documento salido de la IV Conferencia Mundial de las Mujeres auspiciada por Naciones Unidas y que había reunido en la capital china, en 1995, a más de diez mil representantes de 189 países entre las delegadas gubernamentales y las representantes de organizaciones no gubernamentales. La Conferencia de Beijing había sido un hito en la historia del desarrollo de los derechos humanos de las mujeres y su Declaración así como la Plataforma de Acción —adoptadas por unanimidad por los 189 países participantes—, constituían la hoja de ruta que todas las expertas en igualdad y representantes políticas de los distintos países tenían como referencia. Realmente, se constituyeron en documentos clave en la política mundial sobre igualdad.

A la media hora, Bibiana me volvió a telefonear.

—¿Me ayudas a organizar la toma de posesión? Será el lunes, a las 12 de la mañana, en Alcalá 37.

—¿Seguro? —le respondí incrédula. No solo teníamos Ministerio, además, en el centro de Madrid.

—Sí, sí, seguro, esa será la sede.

Parecía que iba en serio. Teníamos sede y fecha y hora para estrenarla.

Así que, al día siguiente, un soleado domingo de abril y a tiro de móvil, desde un parque infantil, comencé a invitar para la toma de posesión. La sorpresa al otro lado del teléfono era recurrente pero también la curiosidad y, sobre todo, la ilusión. Todo el mundo quería saber y preguntaba detalles que desconocíamos.

Alcalá 37 era un edificio de 7 plantas que había albergado a la Comisión del Mercado de las Telecomunicaciones hasta que un buen día la trasladaron a Barcelona. Un edificio vacío, sin mesas, ni sillas, ni teléfonos. Un edificio «noble» que en origen había sido un banco, lleno de dobles puertas de madera dura, amplios pasillos y espacios desperdiciados, eso sí, con una de las terrazas más hermosas de Madrid. Un edificio elegante y señorial pero completamente inútil para albergar un Ministerio y exactamente lo contrario de lo que queríamos que fuese el Ministerio de Igualdad: un lugar abierto, transparente, moderno... El símbolo de una nueva forma de hacer política, el símbolo de un Gobierno inclusivo que no dejaba a nadie atrás.

La toma de posesión se celebró. Al lado de Bibiana, la entonces vicepresidenta María Teresa Fernández de la Vega y un salón repleto, la mayoría, mujeres. Muchas de ellas llevaban media vida trabajando por la igualdad. Las caras eran de sorpresa, de satisfacción, de alegría. A la puerta, antes de entrar, la misma pregunta. Pero, ¿aquí es?, ¿de verdad? Acostumbradas a los márgenes, ninguna feminista creía que el nuevo Ministerio estuviese en el centro de Madrid, en la mismísima calle Alcalá, enfrente de Educación, a escasos metros de Economía, a diez minutos del Congreso de los Diputados...

La toma de posesión se celebró, sí. Con un acto multitudinario, con la efervescencia entre las presentes de vivir un momento histórico, con el nerviosismo de disfrutar de un sueño colectivo hecho realidad, con una joven ministra aún sin herir por las traiciones y las campañas de descrédito que vendrían después, y con un apagón que la obligó a terminar el discurso sin luz ni megafonía y una multa para todos los coches oficiales que estacionaron en la puerta, regalo de bienvenida del alcalde Gallardón.

—¿La ministra?

—No está.

—Claro que sí, acabo de hablar con ella.

—Bueno, pues suba, dígame su nombre y de dónde viene.

Era un desconcertado guarda de seguridad que se había instalado en una mesita en el *hall* del edificio. Tenía un teléfono a su lado pero no estaba conectado con los pisos superiores. Para apuntar, una libreta y un bolígrafo... Así que subí las escaleras y comencé a buscar a la ministra.

En la primera planta, tiradas por el suelo, aún estaban las pancartas de protesta de los antiguos trabajadores de la Comisión que se resistieron a ir a Barcelona. Al llegar a la segunda, me encontré con dos mesas en el pasillo y, al fondo, a Bibiana en un simulacro de despacho, con una mesa que parecía de registrador de la propiedad, como a ella le gustaba decir, y dos secretarias prestadas... Eso era todo.

¿Por dónde empezar? Todo estaba por hacer, incluido el equipo.

En pocas horas comenzaron a acumularse las peticiones de entrevistas, las peticiones de visitas, las invitaciones a actos... pero teníamos orden expresa de no hacer entrevistas ni declaraciones en prensa hasta la primera comparecencia en el Congreso y, sobre todo, no teníamos despachos, ni teléfonos, ni ordenadores.

Hubo que hacerlo todo al mismo tiempo: el equipo, comprar los muebles, el decreto de estructura, los primeros discursos en actos oficiales, las líneas de trabajo para la legislatura y, al tiempo, acudir a los Consejos de Ministros de los viernes, despachar los primeros asuntos que había que solucionar, instalar los ordenadores...

La propia Bibiana vivía en una habitación de hotel y el reducidísimo equipo que íbamos formando trabajaba con sus recursos, nuestros móviles, nuestros portátiles. En la única mesa —además de la de Bibiana— que había en la segunda planta trabajábamos la subsecretaria, la secretaria general y yo. Salía una, entraba otra. Tampoco se sabía cuándo íbamos a cobrar nuestro primer sueldo...

Mientras, la prensa de derechas no nos daba tregua y la progresista exigía entrevistas y tampoco se mostraba nada indulgente. Yo apenas leía nada. Como periodista me parecía increíble lo que estaba ocurriendo. Si aún no habíamos hecho nada, no había gestión, ni siquiera habíamos presentado en el Congreso las líneas de trabajo ni los objetivos de la legislatura, ¿a qué venía tanta crítica? ¿En qué se sustentaba? Éramos objetivo por existir, por lo que aquello solo podía ir a peor puesto que todo lo que íbamos a hacer, todo lo que estábamos diseñando, realmente molestaría mucho al patriarcado y todos sus voceros.

La Ley del aborto era objetivo irrenunciable. Nadie del equipo habría aceptado formar parte del primer Ministerio de Igualdad de la historia de España si no tuviésemos como objetivo cambiar la vergonzosa ley que soportábamos desde hacía 25 años y que situaba a las mujeres en permanente inseguridad jurídica. El aborto solo era un ejemplo. Como comentó una mañana Carmen Romero: «Pero ¿es que no tenéis ninguna tarea fácil, ninguna tarea que no genere polémica, nada para luciros?»

Durante los cinco primeros meses trabajamos todos los días, sin excepción, sin sábados ni domingos ni festivos. Todos los días. Desde abril hasta agosto, cuando cada una pudo descansar una semana. A finales de abril, Bibiana hacía su primera entrevista en televisión. Fue en el programa de Iñaki Gabilondo. Todo estaba listo hasta que la ministra salió hacia los estudios y me di cuenta de que no había ninguna televisión en el edificio para seguir la entrevista.

Era 2008, aún no había televisión a la carta. No me daba tiempo a llegar a casa y no me parecía sensato ir al bar de al lado y pedirle que pusieran Cuatro. De pronto, me acordé de que el guarda de seguridad tenía una mini tele en su garita. Bajé y le pedí si, por favor, podíamos ver allí el informativo de Iñaki.

Así comenzamos.

SOLO HACÍA FALTA UNA EXCUSA

El primer viaje oficial fue a El Salvador. Antes, la ministra había acompañado a la vicepresidenta De la Vega en un viaje a África, pero ésta era su primera salida como titular. Se trataba de la reunión sectorial de Igualdad preparatoria de la Cumbre Iberoamericana de Jefes de Estado y de Gobierno que el año anterior se había hecho famosa por aquel «¿Por qué no te callas?» del Rey al presidente Hugo Chávez. Nos fuimos solas, sin equipo de comunicación, ni asesoras, ni siquiera escoltas. Éramos tan pocos, con un presupuesto tan exiguo y con tanto trabajo, que no necesitamos la crisis para ser austeras. La expectación era máxima. El viaje tuvo resultados óptimos. Se consiguió poner en marcha una campaña Iberoamericana contra la violencia de género. Puede parecer poca cosa, pero era la primera vez que se conseguía unir a todos los países en un objetivo común que además tenía el fin de educar y sensibilizar contra la violencia machista entre la juventud. Había sido un éxito y regresábamos felices hasta que llegamos a Costa Rica —donde hacíamos escala— y nos avisaron de que nuestro vuelo no podía salir por causa del mal tiempo. Estábamos a 48 horas de la primera comparecencia en el Congreso de los Diputados, del primer discurso en el que se iban a presentar las líneas de trabajo del Ministerio. Era la prueba de fuego, el pistoletazo de salida con todos los medios de comunicación y no podíamos llegar a España de ninguna manera. No hubo más remedio que hacer noche en San José y confiar en que al día siguiente nuestro avión pudiese despegar. Aquella noche, en la residencia vacía del embajador —estaba de viaje—, y con más voluntad que medios, pudimos repasar el discurso casi por completo.

Llegamos a tiempo. Solo nos había quedado sin pulir el área de Juventud, que también estaba en las competencias de Igualdad y era la parte final del discurso. Un par de folios de los que Bibiana fue eliminando el masculino genérico sobre la marcha, mientras lo leía en el Congreso. Ahí pronunció el famoso *miembras*. Nadie se dio cuenta. Ningún grupo de la oposición hizo alusión al término ni en sus preguntas ni en sus réplicas. Salimos contentas de la prueba de fuego. Al día siguiente, una emisora de radio eligió precisamente esa frase para informar de la sesión en el Congreso y la palabra se convirtió poco menos que en cuestión de Estado, hasta hoy.

En agosto estaba convencida de que el puesto de directora de gabinete es el peor de un Gobierno y que yo no había decidido ser madre para no ver a mi hijo, así que organizamos una sucesión. Pondríamos a otra persona al frente del gabinete y yo me quedaría en el equipo sin dirigirlo, como asesora, que tampoco era una garantía de tener vida pero, sin duda, era mucho mejor que estar en primera línea.

Fueron seis meses durísimos en los que no tuvimos tregua y cometimos errores. El más grave, decidir que era mejor no entrar en ninguna polémica, que éstas desaparecerían como azucarillo en café hirviendo en cuanto se fuesen viendo los resultados de la gestión. Estábamos convencidas de que era mejor hacer que pasarnos el día rectificando lo que decían los medios; que no tenía sentido contestar los insultos, los agravios. Nos equivocamos.

LA LEY DEL ABORTO

«Con la convicción más grande defenderé un proyecto largamente reflexionado y deliberado por el conjunto del Gobierno, un proyecto que tiene como objetivo poner fin a una situación de desorden y de injusticia, así como aportar una solución equilibrada y humana a uno de los problemas más difíciles de nuestro tiempo. ¿Por qué seguir cerrando los ojos cuando la situación actual es mala?»

Así comenzaba la ministra Aído su defensa de la Ley del aborto en el Congreso de los Diputados el 26 de noviembre de 2009. A continuación, explicaba que eran las mismas palabras que exactamente ese día, otro 26 de noviembre, pero 35 años atrás, había utilizado Simone Veil, ministra de Sanidad francesa de un gobierno conservador, al dirigirse a la Asamblea Nacional de Francia para presentar el proyecto de despenalización del aborto en su país.

Más de tres décadas después, las palabras de Veil aún eran oportunas en la España del siglo XXI. La coincidencia de fechas había sido casualidad. Nadie se había dado cuenta cuando el Congreso fijó la fecha del debate, hasta que unas semanas antes del día señalado, la secretaria de Estado de igualdad francesa hizo una visita a España. La secretaria de Estado también era conservadora, pertenecía al Gobierno de Nicolás Sarkozy, y sin embargo se mostraba orgullosa del trabajo que había realizado su antecesora hacía 35 años y feliz con la aprobación de la ley en España. Había venido para conocer de primera mano el trabajo que estábamos desarrollando contra la violencia de género, quería saber cómo funcionaban las casas de acogida, el 016 y, especialmente, los dispositivos electrónicos para el control de las penas de alejamiento que acabábamos de poner en marcha. Lo que era motivo de insultos y chanza para la prensa y los políticos conservadores, suscitaba un tremendo interés y era estudiado con detalle más allá de los Pirineos.

Sirva la anécdota para subrayar el falso debate que abrió la modificación de la ley. Suecia reguló el aborto, al igual que Francia, en 1974; Italia aprobó su regulación en 1978, Holanda en 1984, Bélgica en 1990, Alemania en 1992 y Dinamarca en 1995, por citar algunos ejemplos.

Sin embargo, España acometió una primera despenalización parcial del aborto en 1983. Cuando se iniciaron los trabajos para la nueva ley, ya habían transcurrido 25 años de aquello y, sin embargo, las mujeres españolas aún tenían que alegar poco menos que estar locas para poder abortar, y aun así estar alerta, puesto que la ley era tan frágil que tras una interrupción voluntaria del embarazo se creaba el temor permanente de que su historial clínico terminara en un juzgado o que cualquier día la policía apareciese a la puerta de su casa.

Para elaborar el anteproyecto de ley se constituyeron una subcomisión parlamentaria, un grupo de personas expertas y un proceso de reuniones con la sociedad civil —incluidos los grupos más reaccionarios y los grupos antielección (los que sin ningún pudor pretenden llamarse *provida*)—, y se recabaron los informes institucionales pertinentes.

Pocas leyes han sido redactadas con un proceso de elaboración tan participativo y transparente. Un proceso que propició que la ley fuese aprobada en el Senado de forma definitiva y sin cambios, lo que hizo que ni siquiera tuviera que volver al Parlamento.

¿De forma definitiva? Eso era lo que pensábamos quienes estábamos convencidas de que contar con una ley que reconociera el derecho a la maternidad libremente decidida no es más (ni menos) que reconocer los derechos sexuales y reproductivos de las mujeres. Reconocer una realidad: que miles de mujeres abortan (100.000 mujeres habían interrumpido su embarazo en España el año anterior a la aprobación de la ley) y que en ningún caso deben verse obligadas a hacerlo jugándose su salud, incluso la vida, con abortos clandestinos ni sorteando la cárcel.

A falta de argumentos, quienes estaban empeñados en impedir los avances en igualdad se cebaron en un solo aspecto de la ley: la capacidad de las jóvenes de 16 y 17 años a decidir libremente sobre su maternidad. En realidad, solo se trataba de eliminar la excepción establecida en la Ley de autonomía del paciente, una ley aprobada por el Partido Popular, que regulaba la mayoría de edad para consentir en el ámbito sanitario a los 16 años y que solo contemplaba tres excepciones, dos de ellas, casualmente, solo afectaban a las mujeres: ensayos clínicos, técnicas de reproducción asistida e interrupción voluntaria del embarazo.

Por cierto, Simone Veil sobrevivió a Auschwitz, fue madre de tres hijos y en 2005 fue galardonada con el Premio Príncipe de Asturias de Cooperación Internacional «por la defensa de la libertad, la dignidad de la persona, de los derechos humanos, la justicia, la solidaridad y el papel de la mujer en la sociedad moderna».

En las sesiones parlamentarias, el PP argumentaba para oponerse a la aprobación de la ley, básicamente, que no había consenso social para esa modificación y que, con la reforma propuesta, se abría la puerta poco menos que al aumento descontrolado del número de abortos. Los conservadores no solo negaban la evidencia, sino que, además, cada una de sus intervenciones era una bofetada a nuestra inteligencia.

La nueva ley entró en vigor el 5 de julio de 2010 con el nombre de Ley de Salud Sexual y Reproductiva y de Interrupción Voluntaria del Embarazo. Un nombre largo para albergar sus dos pilares: la prevención de embarazos no deseados y la seguridad jurídica para las mujeres que desearan interrumpir la gestación. Los datos son explícitos. En 2014 (últimos datos oficiales), se produjeron en España un total de 94.796 interrupciones voluntarias del embarazo, la cifra más baja de los últimos ocho años. Es decir, teníamos razón. La nueva ley del aborto pretendía bajar el número de embarazos no deseados y así ha sido. Desde que se aprobó, el número no ha dejado de descender. En 2011, la tasa de aborto por cada 1.000 mujeres fue del 12,47, al año siguiente, 12,12; en 2013 bajó al 11,74 y en 2014 se redujo al 10,46. No solo eso. Aunque ha descendido en todos los grupos de edad, es precisamente entre las mujeres jóvenes donde más ha disminuido el número de abortos, un 4,81 entre las que tienen entre 20 y 24 años y un 3,76 entre las de 19 años o menos.

El PP no se dio por vencido. Así, en diciembre de 2013 presentó un anteproyecto de la ley del aborto que eliminaba completamente el derecho de las mujeres a decidir sobre su maternidad. No se trataba solo de reformar una ley. En realidad, su anteproyecto era la guinda de una legislatura que en poco más de dos años había desmantelado las políticas de igualdad. De hecho, desde que los populares entraron en el Gobierno y hasta que anunciaron la nueva ley del aborto, España había caído ya 19 puestos en el informe sobre brecha de género que realiza cada año el Foro Económico Mundial. Cuando el entonces ministro de Justicia, Alberto Ruiz Gallardón, aseguró que «el derecho fundamental de las mujeres es ser madres» nos estaba anunciando la España en blanco y negro a la que de ninguna manera íbamos a volver.

El 1 de febrero de 2014, Madrid se desbordaba con el Tren de la Libertad. Miles de personas que llegaban de Asturias, Alicante, Salamanca, Sevilla, Palencia, Euskadi..., de todos los rincones. Otras tantas que viajaban desde Francia, Portugal o Italia y muchos miles más que coreaban aquello de «en solidaridad con las mujeres españolas», que no se oía desde el franquismo, se manifestaban en media Europa y varias capitales latinoamericanas. En Buenos Aires, en Edimburgo, en Londres, en París o en Madrid se escuchó con la emoción y la firmeza de lo irrenunciable, «yo decido».

Fue un movimiento espontáneo que nació del «algo tenemos que hacer», «nosotras no lo vamos a consentir». Del cabreo sordo de las mujeres de la tertulia feminista «Les Comadres» y las mujeres por la igualdad de Barredos que en un café de Gijón decidieron, al día siguiente de Navidad, que ellas iban a Madrid a decir lo que pensaban. Una decisión espontánea a la que se sumó todo el movimiento feminista y la mayoría de la sociedad española. Un torrente de voces que decidieron defender aquella Ley de Salud Sexual y Reproductiva y de Interrupción Voluntaria del Embarazo que tanto había costado sacar adelante porque la vida, la salud y la libertad de las mujeres estaba en juego y, con Ministerio de Igualdad o sin él, la sociedad no estaba dispuesta a meterse en el túnel del tiempo que nos llevaba cuarenta años atrás.

Arropadas por la multitud, una delegación de las feministas asturianas traspasó las vallas y la barrera policial con la que el Gobierno había rodeado el Congreso de los Diputados, en la imagen más simbólica de un día cargado de emociones y simbolismos. Llevaron hasta el Registro de la Cámara el manifiesto «Porque yo decido» para testimoniar por escrito lo que no estábamos dispuestas a renunciar. Fue la mayor manifestación feminista de nuestra historia, la que consiguió movilizar a mujeres y hombres de todas las generaciones y corroboró la idea de Celia Amorós que algunos pretendieron ignorar: «El feminismo ha civilizado las sociedades donde se ha arraigado.»

El 23 de septiembre, el presidente Rajoy confirmaba la retirada del anteproyecto de aquella ley que como una bufonada habían llamado Ley de Protección de la Vida del Concebido y de los Derechos de la Mujer Embarazada. A las cuatro horas, el ministro Gallardón no solo dimitía de su cargo, sino que abandonaba la actividad política a la que se había dedicado toda su vida.

EL MAPA DEL CLÍTORIS Y OTRAS MEMECES

El debate sobre el aborto fue el único debate real —aún plagado de intransigencia, cuestiones de fe y otros argumentos y posiciones ajenas al debate político— que se vivió en Igualdad. Un debate ganado porque la mayoría de la ciudadanía estaba a favor de tener una ley justa, razonable y propia de la Europa del siglo XXI. El resto fueron *no-debates*. El Ministerio de Igualdad y su ministra se convirtieron en la diana fácil de un Gobierno al que la derecha se propuso no ya debilitar, sino expulsar del poder durante muchos años.

Se llegó a ridiculizar hasta un estudio pionero encargado por el Instituto de la Mujer que llevaba por título «Elaboración de un mapa de inervación y excitación sexual en clítoris y labios menores; aplicación en Genitoplastia». Sí, todos los días la caverna revisaba el *BOE*, y cualquier cosa que supusiera recursos y prestigio para la solución de problemas que afectaran exclusivamente a las mujeres se destrozaba. En este caso se montó un formidable escándalo sobre lo que la prensa bautizó como «el mapa del clítoris» y que en realidad era un estudio que pretendía paliar los efectos de la mutilación genital femenina —hay que ser canalla para minimizar esta cuestión—, avalado por profesionales de centros tan prestigiosos como la Universidad Complutense, la Rockefeller University y el Hamot Medical Center y que había sido evaluado por la Agencia Española de Evaluación y Prospectiva, que tras analizar los 265 proyectos presentados reconoció «la calidad científica, la trayectoria del equipo de investigación y la relevancia de este estudio» otorgándole la máxima calificación, 100 puntos.

La tragedia era que se había subvencionado el trabajo con 26.000 euros. ¡Hay que ver! 26.000 euros para investigación en genitoplastia, imperdonable. Pero esa había sido la cantinela durante toda la legislatura, el despilfarro que suponía el Ministerio. Dedicar recursos a las mujeres escocía mucho —un despilfarro de tal calibre en que el Ministerio de Igualdad suponía el 0,03% del global de los Presupuestos Generales del Estado—. La cuestión tomó tal cariz, que el propio equipo investigador se sintió en la obligación de firmar y hacer pública una nota aclaratoria:

Estimados Sres., a la vista de la manera como se ha tratado la información relativa a la concesión del proyecto «Elaboración de un mapa de inervación y excitación sexual en clítoris y labios menores; aplicación en genitoplastia», queremos realizar las siguientes consideraciones:

Se trata de un proyecto médico-científico elaborado de forma rigurosa y basado en estudios científicos previos de este equipo investigador, entre cuyos miembros se encuentran doctores expertos en inmunocitoquímica, biología molecular, sistema nervioso y cirugía genital.

El proyecto se realizará conjuntamente con dos instituciones internacionales (norteamericanas) de elevado prestigio. Los resultados obtenidos se presentarán en congresos científicos internacionales y se publicarán en revistas médico-científicas de carácter internacional.

La genitoplastia es un conjunto de técnicas quirúrgicas encaminadas a modificar el aparato genital. Pueden ser necesarias para resolver alteraciones debidas a malformaciones congénitas en niños u otro tipo de alteraciones patológicas o por razones de estética. El objetivo del proyecto es definir de manera precisa la inervación y distribución de diferentes receptores en el tejido genital externo femenino, utilizando para ello técnicas inmunohistoquímicas. Se trata de aportar información relevante a la hora de tomar decisiones previas a la genitoplastia.

Dra. Nieves Martín Alguacil, profesora titular de Anatomía y Embriología de la Universidad Complutense de Madrid y profesora adjunta de la Universidad Rockefeller en Nueva York.
Dr. Ignacio de Gaspar y Simón, profesor de Anato-

mía y Embriología de la Universidad Complutense de Madrid.

Dra. Justine Schober, jefa del Servicio de Cirugía y Urología Pediátrica del Centro Médico Hamot en Erie, Pensilvania, y profesora adjunta de la Universidad Rockefeller en Nueva York.

Dr. Donald Pfaff, jefe del Departamento de Neurobiología y Comportamiento de la Universidad Rockefeller en Nueva York. La categoría científica del profesor Pfaff queda reflejada en su amplio currículo, resaltando, además de su actividad editorial, las más de mil publicaciones, 24 libros, 850 artículos, todo ello al más alto nivel científico. Entre sus numerosos honores académicos, el Dr. Pfaff ha sido nominado para el premio Nobel en Estocolmo en cuatro ocasiones (años 1999, 2003, 2005 y 2008).

Solo a modo de ejemplo, otro caso que no es el más burdo, nada comparable a la apología de la violencia que defendían impunemente los guardianes del patriarcado —como aquel «a la ministra de Igualdad habría que tirarla por la ventana», de Gustavo Bueno—, pero junto al «mapa del clítoris» evidencia cuál fue la actitud de los medios de comunicación hacia el trabajo que se hacía en Igualdad.

Es antológico aquel titular de la agencia de noticias Europa Press el día de la huelga general que decía: Igualdad entre los ministerios que más seguimiento han hecho de la huelga con un 10,06%. Nada que objetar si hubiese sido cierto, pero el caso es que en el cuerpo de la noticia se podía leer que la mayor participación había sido en el Ministerio de Política Territorial, después en Exteriores y en tercer lugar en Cultura. El de Igualdad era el cuarto, entonces ¿por qué era el único que se mencionaba en el titular? Desde luego no atendía a ninguna razón periodística, la cosa era que Igualdad se llevaba todos los (malos) titulares, vinieran a cuento o no.

Es cierto que, a pesar de la potente reacción patriarcal que generó el Ministerio de Igualdad y lo dura que fue la batalla, también hubo momentos entrañables. Casi todos los días podíamos ver mujeres de todas las edades, pero especialmente jóvenes, que se hacían fotos delante de la placa del Ministerio. Una mañana de invierno, me conmovió, como ninguna otra, encontrarme haciéndose la foto a dos mujeres a las que solo se les veían los ojos chispeantes tras el nicab que les cubría todo el cuerpo. Fue una conmoción porque llevábamos semanas envueltas en la polémica sobre el velo, tras la declaración de Bibiana mostrándose contraria a las prácticas culturales que vulneran los derechos humanos y promueven la desigualdad entre hombres y mujeres. ¿Qué expectativas habrían depositado aquellas dos mujeres en nuestro trabajo?

Igual de emocionante fue el día que, sin aviso de ningún tipo, se presentó Eduardo Galeano a la puerta del despacho de la ministra. Nunca supimos cómo llegó hasta allí, quién lo llevó o le dejó pasar, aunque también es cierto que nunca tuvimos muchas medidas de seguridad. El hecho es que allí estaba, ante la puerta del despacho, explicando a la secretaria que solo quería decirle a Bibiana que ánimo, que le encantaba el Ministerio y todo lo que estaba generando.

Un gobierno herido, un ministerio sacrificado

Metidas en aquel torbellino, nos pilló por sorpresa. Nadie imaginaba que iba a ocurrir y nadie del equipo se explica aún por qué ocurrió. No parece muy inteligente pagar el altísimo coste político de poner en marcha el Ministerio de Igualdad para cargárselo antes de terminar la legislatura. Tampoco parece una buena estrategia darle al adversario la pieza que quiere a cambio de nada; la pieza que en el fondo más le molesta, puesto que si algo diferenciaba los discursos del gobierno socialista y de la oposición conservadora era precisamente la igualdad. Despojado de su línea social, despojado de la ideología progresista, ¿qué le quedaba? Nada, como así se demostró en las elecciones del 20 de noviembre, cuando el PSOE sacó un pésimo resultado que le hizo perder el Gobierno.

En el interior del partido, y del Gobierno, se libró una fuerte batalla que ganaron los más conservadores. Era exactamente lo que le faltaba a un Gobierno al que le tocaba gestionar la peor crisis económica de las últimas décadas: hacer una política económica de derechas y liberarse de todos los instrumentos (y discursos) progresistas y solidarios.

Quizá la gota que colmó el vaso fue la determinación con la que desde Igualdad se trabajó la trata de seres humanos con fines de explotación sexual, así como los pasos dados para erradicar los anuncios mal llamados «de contactos» de la prensa de información general. Esa es otra de las situaciones vergonzantes de nuestro país. En ningún otro lugar de Europa se pueden encontrar las páginas que impunemente venden todo tipo de mujeres en la prensa «seria».

Como se había hecho con el aborto, se dieron todos los pasos necesarios para que no hubiese lugar a su no aprobación. Primero en el Consejo de Ministros y luego en el Congreso. Por primera vez se puso en marcha un Plan contra la Trata, se reunió toda la información disponible en

Naciones Unidas y en el resto de Europa y, entre otras consideraciones, se encargó un informe al Consejo de Estado. Fue una decisión arriesgada puesto que la composición —desde el punto de vista ideológico— del Consejo no nos auguraba buenos resultados, pero se asumió el riesgo. Y para nuestra sorpresa, el informe del Consejo de Estado fue demoledor. No solo sustentaba todas nuestras tesis sino que iba más allá y proponía estudiar las posibilidades técnicas de que se acabara con este tipo de anuncios también en televisión y en las páginas de Internet.[25]

Quizás ése hubiese sido un golpe demasiado fuerte al patriarcado y quienes se benefician de él. Queríamos acabar con la gallina de los huevos de oro de traficantes y proxenetas, pero, también, de toda la corruptela bien remunerada que generan. Queríamos acabar incluso con los abultados beneficios de los medios de comunicación y plataformas digitales soporte de los anuncios. Y, sobre todo, suponía una gran victoria en la batalla simbólica. Como me diría años después el presidente de la Asociación de Vecinos de la madrileña Colonia Marconi, probablemente, el mayor prostíbulo al aire libre del país, «¿cómo se puede educar a nuestras niñas y a nuestros niños en igualdad con lo que nos rodea?».

Podría escribir páginas y páginas de anécdotas, reflexiones, hechos y problemas de esos años, pero no es el caso. Fue una oportunidad perdida y lo único que importa es aprender la experiencia o mejor aprehender, en el sentido de que forme parte de nuestra historia política colectiva para no olvidarla. Será mejor estar preparadas para la próxi-

25. Consejo de Estado, n.º E1/2010 Informe sobre las posibilidades de actuación contra anuncios de contenido sexual y prostitución publicados a diario en diversos medios de comunicación de prensa escrita, 9 de marzo de 2011.

ma vez. Será mejor recordar que los regalos envenenados, envenenan. Que la igualdad de oportunidades explica que debemos salir del mismo punto, no 50 metros más atrás, porque así no se puede llegar a la meta a tiempo. Las mujeres no somos las parientes pobres de la democracia. No despreciar el valor de la expresión, «ninguna agresión sin respuesta», que reivindica el feminismo. ¿Por qué dejamos que nos agredieran política y mediáticamente sin levantar la voz? Será mejor que no desdeñemos el poder del enemigo.

Quizás haya pasado poco tiempo para evaluar en profundidad, pero sí ha transcurrido el suficiente como para saber que el descrédito vertido sobre el Ministerio de Igualdad nos ha hecho retroceder al menos un par de décadas en todo el trabajo realizado a favor de los derechos de las mujeres. Que, con su desaparición, el patriarcado se sintió crecido y los machistas, envalentonados. Ha transcurrido el suficiente tiempo como para estar convencidas de que mientras no modifiquemos las relaciones de poder, ninguno de nuestros avances será definitivo. Nos dejaron pintar las paredes pero en ningún caso tocar los cimientos. Estoy convencida de que ni la mismísima Simone de Beauvoir hubiera podido llevar a buen término ese proyecto en aquellas condiciones.

Cansadas, no. La experiencia del Ministerio de Igualdad nos dejó agotadas, exhaustas, pero con una experiencia política que no podemos desaprovechar.

4

Cansadas de la violencia

La historia de la guerra ha sido reemplazada por
la Historia de la Victoria.

SVETLANA ALEXIÉVICH

El año que cumplimos 40 años, muchas de nosotras ya
habíamos recorrido buena parte del mundo.

Bosnia, 1992, fue el primer viaje que hice como reportera a un conflicto bélico. Los Balcanes, escenario de una
cruel guerra que aún no ha cerrado sus heridas. Desde entonces, nunca dejé de interesarme por la violencia. Allí me
convencí de que la violencia solo genera violencia y la guerra es la mayor crueldad de la que es capaz el hombre. Desde entonces, fui de conflicto en conflicto y de guerra en
guerra convencida de que los periodistas teníamos la obligación de contar lo que ocurría con el único objetivo de in-
tentar evitarlo. En la guerra de Irak, en 2003, me rendí. Fue
el último escenario bélico que viví. En aquel momento fui
consciente de que por más que lo dijésemos, por más que
escribiésemos y testimoniáramos, nada servía para parar

aquella atrocidad. Dice la premio Nobel Svetlana Alexiévich en *La guerra no tiene rostro de mujer* que «no estaría mal escribir un libro sobre la guerra que provocara náuseas, para lograr que la sola idea de la guerra diera asco. Que pareciera de locos. Que hiciera vomitar a los generales...». No puedo estar más de acuerdo. Nos equivocamos de relato.

En vez de estar pendiente del número de víctimas, del tipo de armas, si son bombas racimo y las fabrica cualquier país europeo o proceden del arsenal estadounidense, deberíamos habernos esforzado en describir el nauseabundo olor de la sangre en los hospitales donde no hay tiempo para limpiarla. El olor del miedo, de la basura amontonada, sin recoger; el olor de los desagües rotos, de las cañerías destrozadas, el olor de las morgues cuando ya no son capaces de amontonar un solo cadáver más. Deberíamos habernos esforzado en describir los ojos sin respuestas y el dolor del hambre. La desesperación de no estar a salvo, de no tener ni una gota de agua. El latir del corazón cuando comienzan las detonaciones y el ritmo al que se acelera según se van acercando.

Tengo un visión neutral, como diría Alexiévich. No de militar. No de hombre. No tengo esa fascinación estética, incluso, que manifestaban algunos de mis compañeros de profesión sobre las armas, sobre los uniformes, sobre la parafernalia para matar.

—Mira ese tanque, ¡qué maravilla!, ¡qué preciosidad! —escuché más de una vez.

No puedo verlo. No tengo capacidad para percibir ningún tipo de belleza en un arma de fuego, no siento subir la adrenalina cuando comienzan los combates, solo siento rabia y asco.

En Sarajevo, en aquella ciudad sitiada a la que Europa

no supo socorrer, fui testiga de cómo el ser humano pierde la razón y se convierte en alimaña. Mientras los francotiradores mataban a quien osaba salir a por agua o se acercaba al mercado, hablaba con la gente de mi edad de las películas que habíamos visto, los libros que habíamos leído. Sarajevo era como Madrid. Cuando asesinan a tu padre, violan a tu madre, patean a tus hermanos pequeños o un señor de la guerra entra en un pueblo y arrasa con todo ser vivo antes de irse, ya nada puede ser igual. Aún regresaría tres veces más a esa guerra, a escenarios diferentes, para convencerme de que hay heridas que no cicatrizarán nunca.

Los triunfantes guerreros de Dios

Llegué a Afganistán en la primavera de 1998. Hacía dos años que los talibanes gobernaban el país y aún faltarían tres para que Estados Unidos, ayudados por una coalición internacional, los sacara del Gobierno. Así que, durante más de cinco años, Afganistán soportó aquel régimen infame de fanáticos violentos.

Sentí miedo en un país donde estaban prohibidas hasta las cometas. Ya no volaban las cometas en el cielo de Kabul. Para los talibanes, esos cruzados medievales que en nombre de Alá llevaron el horror a Afganistán, menos rezar, todo era pernicioso. Aquellos jóvenes amamantados en las escuelas coránicas pretendían, y aún lo pretenden, implantar un estado islamista puro. Las cometas distraen del rezo porque los ojos las siguen; los tacones hacen ruido; los calcetines blancos son eróticos y las mujeres simbolizan el honor de la familia. Un honor tan preciado que se guarda en un rincón de la casa de donde no puede salir ni para estudiar, ni para trabajar, ni para ir al hospital. Solo se concebía una mujer en la calle vestida con burka acompañada de un familiar muy próximo (hijo, padre o marido) y en caso de extrema necesidad.

Como extranjera y no musulmana, tuve el *privilegio* de vestir con chador en vez de burka; como periodista, pude ir acompañada del fotógrafo con el que hacía el reportaje, no necesité un marido; como mujer, me sentí humillada cada minuto vivido en aquel país; no pude evitar las lágrimas muchas noches, cuando encerrada en la habitación del hotel, el único escondrijo donde me reencontraba, me volvían a la retina rostros como el de Farid.

La tristeza de los ojos de Farid era infinita. Cuando le conocí, los médicos le rodeaban intentando que se familiarizara con su prótesis. El viernes anterior, los talibanes le había cortado la mano derecha por robar. Apenas tenía dieciséis años. Alberto, el médico italiano que dirigía el centro ortopédico de Cruz Roja Internacional de Kabul, me explicó que Farid era el primer caso que había tenido como consecuencia de la brutal *justicia* talibana, al menos el primero que lo había dicho.

Los talibanes tomaron Kabul en un día y medio. Llegaron y fusilaron al antiguo presidente Mohamed Najibullah. Ataron su cadáver a un coche, lo arrastraron por las calles y lo colgaron de una farola. Allí permaneció varios días, para que ningún kabulí dudara sobre quién mandaba en la ciudad. Mientras estuvieron en el poder, no se desviaron ni un ápice. No buscan justicia, todo su afán era ejemplarizar. En tres horas se decidía si un acusado era culpable o no. En tres horas se decidía una amputación, una lapidación o un tiro en la cabeza, espectáculos habituales todos los viernes en el Estadio Nacional de Kabul.

En la primavera de 1998, el centro ortopédico era un

oasis. El sufrimiento era tan devastador que cualquier muestra de cariño se agradecía. En aquellos momentos, tenían una media de 5.000 pacientes al año, el 82% con algún miembro amputado por la explosión de una mina. Hasta doscientas personas podían pasar por el centro en un día. Toda la ciudad estaba salpicada de pedruscos pintados de rojo: era la señal de las minas detectadas.

En el centro ortopédico había una *zona de mujeres*. Los talibanes cerraron los hospitales a las mujeres, decidieron que no recibiesen asistencia médica. La presión internacional consiguió que rectificaran su postura y concedieron que en algunos centros hubiese zonas específicas para ellas, siendo exclusivamente atendidas por doctoras y enfermeras. En el centro ortopédico de Cruz Roja, las mujeres trabajaban con la cara destapada, pero llevaban un velo blanco echado hacia atrás, listo para poner sobre los ojos con un rápido movimiento si aparecía cualquier talibán. «Es imposible hacer una prótesis con los ojos medio tapados», me explicó Nazifa cuando llegué, y, sin mediar una palabra más, me dio un fugaz beso en la mejilla. Los talibanes no habían rectificado su negativa a que las mujeres recibieran asistencia médica. Solo la habían retrasado unos años. Las afganas también tenían prohibido ir a la escuela. Por lo tanto, en sus planes estaba que en pocos años no habría ni médicas ni enfermeras para las mujeres, que no podían ser atendidas por ningún hombre. El beso fue como un pacto entre hermanas. Una cariñosa orden de la enfermera Nazifa: «Cuéntale a todo el mundo cómo sufrimos en Kabul.» Las mujeres seguían muriendo por lapidación. La flagelación pública era un castigo habitual; la mutilación física, la pena por no vestir burka. La esperanza de vida de las mujeres era de 44 años. Representaban el 70% de los enfermos de tuberculosis y la mortalidad materna era de

1.700 por cada 100.000 nacimientos, cien veces más que en Europa.

Aún recuerdo perfectamente la sensación. Desde que llegué a Kabul me sentí angustiada. Habíamos cruzado la frontera con Pakistán atravesando las zonas tribales —prohibidas para extranjeros—, como los viajeros del siglo pasado, camuflados entre los contrabandistas —de drogas y armas fundamentalmente: un *kalashnikov* costaba 90 euros y Afganistán producía el 85% de la heroína que se consumía en Europa.

Llegamos a Kabul un domingo por la tarde. Imposible alojarse en ningún otro sitio que no fuese el hotel Intercontinental, antaño el hotel más lujoso de la ciudad, y en aquel momento, con la fachada oeste ennegrecida y algunos impactos de obús en sus paredes, un refugio talibán que «los triunfantes guerreros de Dios» utilizaban para sus reuniones y para alojar a todo visitante que quisieran tener controlado.

Nuestras habitaciones, las únicas ocupadas del hotel, lucían impactos de proyectil en los cristales. A pesar de ser los únicos huéspedes, cenaba con chador mientras un miniejército talibán revoloteaba controlando todos nuestros movimientos. El *maître*, encantado con tener clientes y con las propinas, imagino, intentaba aliviar la presión colocando, cada noche, un bonito ramo de flores en la mesa.

Intentaba ser amable pero era el encargado de transmitirnos las órdenes. Recién llegados, antes de abandonar el comedor, ya nos había informado: al día siguiente, a primera hora, teníamos una visita inexcusable, la oficina de prensa talibana, donde nos ofrecerían la asistencia de un guía y un chófer para realizar nuestro trabajo.

A la mañana siguiente, subiendo las escaleras del Ministerio de Información talibán, tenía la misma sensación que la noche anterior, cuando entraba en el hotel Intercontinental. Era como avanzar hacia una cárcel. El encargado de prensa cumplió su trabajo con pulcritud. Amablemente frío y autoritario nos informó: todo irá bien si aceptan nuestras reglas. Nada de fotos, nada de visitar casas particulares, nada de entrevistas con mujeres, nada de nada. Para que no quedara duda, nos miró fijamente a los ojos con la crueldad y el desprecio de quien se siente en posesión de la verdad y tiene la fuerza para hacer cumplir sus órdenes.

Solo la alegría mutilada del centro ortopédico alivió la mañana. Tras la visita decidimos comer en uno de los pocos restaurantes de Kabul, pero un camarero malhumorado se acercó con paso rápido apenas entramos en el local. De un vistazo descubrí que todas las mesas estaban ocupadas por hombres. El disciplinado camarero decidió que el mejor lugar para mí era el despacho del dueño, donde ningún otro cliente pudiera verme. Así que comimos arroz y bebimos té sobre una mesa de escritorio apartando bolígrafos y facturas.

En aquella ciudad, en primavera, los días eran interminables y las noches eternas. Al segundo día, hubo un corte de suministro eléctrico que duró hasta el amanecer. El asistente-carcelero nos había provisto de velas. Salvo dormir, nada se podía hacer en el cementerio de Kabul. Pero tampoco era fácil conciliar el sueño, así que decidí encender todas las velas en homenaje a todas aquellas mujeres recluidas de por vida en sus casas, pariendo, amamantando y criando hijas analfabetas.

Al día siguiente me puse el burka para salir a la calle. El poco rato que pude dormir había soñado con Nazifa, la enfermera, y la docena de mutiladas a las que atendía. Fui al mercado con el deseo de comprender su desgarro diario.

Intentaba contener mis gestos, me concentraba para no

caminar demasiado rápido y mantener una ligera distancia tras el fotógrafo y el guía. Me mareaba: el burka te impide ver por los laterales, te obliga a mantener la mirada fija siempre en el mismo ángulo. Me asfixiaba y tropezaba continuamente, no sabía calcular los baches con esta rejilla delante de los ojos.

Me sentía nerviosa y llena de ira. Había dejado de ser persona, solo era un fantasma ciego y mudo. Vestir un burka te hace desaparecer, perder la identidad, ponerte una cárcel sobre la cabeza y caminar dentro de tu propia celda llevándola contigo a todas partes. Llevar un pañuelo en la cabeza obliga a inclinarla ligeramente hacia delante para que no se te caiga. Llevar un burka obliga a inclinar la dignidad.

Tras la experiencia del mercado decidí vengarme. Simulé estar cansada y conseguí que el guía-intérprete-policía que nos acompañaba me dejara libre un par de horas para descansar en el hotel. Tiempo suficiente para escaparme con la complicidad de una valiente mujer afgana que me llevó a su casa. Allí, en las habitaciones reservadas a las mujeres, por fin pude conversar libremente con ellas. En las casas —en las que los talibanes obligaban a tapar los cristales de los primeros pisos para que ni siquiera desde la calle se pudiera atisbar la silueta de una mujer—, descubrí sus rostros.

Por fin pude verlas sonreír con amabilidad. Por fin pude escucharlas. Me hablaron de su castración, de su sumisión obligada. Khalada tenía quince años. Había entrado en la adolescencia de la mano de los talibanes, pero aún era una niña de corazón y sonrisa. Aún le gustaban los dibujos animados cuando los talibanes prohibieron la televisión. Apenas había ido al cine ni al teatro cuando decidieron cerrarlos, comenzaba a escuchar a sus grupos favoritos cuando prohibieron la música, iba al colegio cuando cerraron las escuelas.

Khalada quería ser doctora antes de que le prohibieran leer libros. No había vuelto a ver a sus compañeros de colegio, hacía casi dos años que no paseaba por la calle, que no iba a una fiesta de cumpleaños. No había vuelto a salir sola de casa. Khalada se entristecía cuando hablaba de matrimonio. Ella tenía sus planes, soñaba con ir a la universidad y enamorarse de un chico de su edad que compartiera sus proyectos. Pero vivía encerrada en su casa, horrorizada con la obligación de casarse con un hombre al que ni siquiera conocía.

El ambiente era relajado, pero ni siquiera las bromas despejaban el miedo. Los talibanes, todo giraba alrededor de ellos. Podían entrar en la casa en cualquier momento. Todas sabíamos que nos jugábamos el tipo. Ellas por abrir su casa a una extranjera —prohibido—, yo por haber salido del hotel sin permiso —prohibido—, por hablar con ellas —prohibido—, por haberles hecho fotos —prohibidísimo—. En realidad, éramos delincuentes porque somos mujeres.

La conversación y los miedos de Khalada me recordaban a Shakeela, otra niña afgana de tan solo trece años. Su familia había decidido abandonar Afganistán y se convirtieron en refugiados —se calcula que hasta cuatro millones de refugiados afganos malvivían durante el Gobierno talibán en los vecinos Irán y Pakistán, fundamentalmente—. La única diferencia para los que eligieron Pakistán era que las niñas podían ir a la escuela. La presión sobre las mujeres refugiadas es casi idéntica que en su país. Khalada, de hecho, ya estaba prometida. En cuanto acabara el curso, su familia la casaría. Como la enfermera Nazifa, las compañeras de Shakeela, las niñas del colegio del campo de refugiados de Jalozai, me hicieron un encargo:

«Por favor, dígale a la gente que queremos que la escuela dure hasta el grado 10. No nos queremos casar.» La escuela de niñas en el campo de refugiados solo alcanzaba el grado 6. Las que llegaban hasta el final, con quince años, cambiaban las aulas por el matrimonio. Muchas familias, como la de Khalada, las sacaban del colegio con trece, en cuanto tenían la menstruación. En teoría, aquel campo de refugiados estaba bajo la autoridad de Naciones Unidas.

La pobreza en Kabul era extrema y la prohibición de que las mujeres salieran solas a la calle no parecía afectar a esas figuras con burka que piden limosna tiradas en los márgenes de las carreteras sin asfaltar. Para una mujer casada, la prohibición de trabajar es denigrante, insultante y problemática en la economía doméstica; para una viuda, es una sentencia de muerte.

Viajamos hasta Kabul «por el placer de conocer lo que no debe ser conocido» —que decía el poeta—, lo que no debe ser conocido si no quieres que te rompa el alma.

La fotografía que dio la vuelta al mundo tras la caída de los talibanes en noviembre de 2001 fue el rostro descubierto de una mujer en las calles de Kabul. Una vez más —y en la historia tenemos decenas de ejemplos similares—, la imagen de una mujer era utilizada como símbolo de libertad. En este caso, como en tantos otros, mera propaganda.

Cuando habían transcurrido cinco años de régimen talibán. Los líderes de Occidente, con el presidente George W. Bush a la cabeza, no tardaron en proclamar la liberación de las mujeres en el país asiático, el final de la pesadilla. El 9 de octubre de 2004, se celebraron elecciones presidenciales en Afganistán. La imagen que dio la vuelta al mundo, como símbolo de la democracia, fue la de dos largas colas de votantes. Una formada por hombres y otra por una sucesión de burkas azules. A eso le llamaron democracia. Parece que lo único que realmente había ocurrido entre noviembre de 2001 y octubre de 2004 era que todo el mundo occidental se había acostumbrado a la imagen de mujeres ocultas tras su burka. Normalizamos la violencia contra las mujeres. Normalizamos la infamia.

Los burkas siguen ocultando los rostros y los cuerpos de las mujeres afganas, y el suicidio como método de protesta y libertad es ya una epidemia. A las mujeres afganas no les importa que el islam prometa el infierno a quienes se quitan la vida, ellas ya viven en el infierno. Nadie sabe cuántas mujeres han intentado suicidarse, nadie sabe cuántas mujeres lo han conseguido. Las organizaciones humanitarias hablan de cientos de víctimas cada año.

En 2004 el nuevo Ministerio de la Mujer afgano realizó un informe oficial sobre esta realidad. En el texto se culpaba a la tradición de los matrimonios forzados de la mayoría de las muertes, especialmente en zonas como Herat. En algunos casos, niñas de 13 y 14 años habían sido casadas con ancianos de 70 que pagaban una cantidad de dinero que las familias suelen utilizar para casar a sus hijos. Algunas prácticas de la época talibán no han desaparecido en amplias zonas del país. Un informe médico que certifique que el himen se ha roto supone una humillación pública para la familia y puede llevar a la detenida a prisión. Incluso en Kabul, el burka continúa siendo la prenda habitual. Ni siquiera consiguieron librarse del burka tras la publicitada «libertad» que supuestamente les trajeron los soldados extranjeros.

El discurso oficial es bien conocido: paciencia. *Los problemas de las mujeres*, aunque tomen tintes de genocidio como ocurre en Afganistán, no priman sobre los *intereses generales*. La ex ministra de la Mujer, Sima Samar, fue cesada en su puesto por manifestarse en contra de la Sharia (ley islámica).

En abril de 2004, Bernard-Henri Lévy, filósofo y escritor francés, ponía nombres, apellidos y detalles a uno de estos casos. Eran el de Homa Safi, una joven de 21 años, periodista en prácticas en *Nouvelles de Kaboul*, una revista mensual franco-afgana que el propio escritor había sacado a la calle hacía dos años. Lévy describía a Homa Safi como una joven de Kabul a la que la caída de los talibanes había dado esperanzas de vida. Homa estaba enamorada de un muchacho que trabajaba para una ONG occidental. Cuando su padre le negó el permiso para casarse (el joven era chií y, sobre todo, ella ya estaba prometida al hijo de una familia amiga), Homa se suicidó. Pidió un adelanto de su sueldo, compró pastillas en una farmacia.

Dice Lévy que Homa había muerto como las 300 mujeres que el año anterior —tan solo en la ciudad de Herat— se habían inmolado en el fuego para escapar a la condición de esclavas conyugales.

Era nada más que una voz que se alzaba en el silencio de un Occidente que siempre ha jugado con las mujeres afganas según sus intereses. RAWA (Asociación Revolucionaria de las Mujeres de Afganistán) lo denunciaba antes de caer el régimen talibán: las afganas habían sido olvidadas por la comunidad internacional. Los fundamentalistas no son solo los talibanes, y la apatía de la comunidad internacional es tan destructiva como la propia guerra.

Todos los meses decenas de jóvenes afganas, de las ciudades y de las aldeas, analfabetas y educadas, logran poner fin a su vida. Mueren o sufren graves quemaduras al prenderse fuego con queroseno o arrojarse sobre sus cuerpos ollas llenas de aceite hirviendo. Son métodos que indican la pobreza. Hasta para suicidarse. Ocurre en el país de los señores de la guerra, donde dicen que «todo el mundo tiene acceso a un arma». Una vez más el lenguaje esconde la realidad, ni siquiera eso, las mujeres afganas no tienen ni cómo conseguir un arma para acabar con sus vidas.

CIUDAD JUÁREZ, EPICENTRO DEL FEMINICIDIO, EL REINO DE LA IMPUNIDAD

En diciembre de 2011, en las redes sociales saltaba la noticia de que habían atacado a tiros, en Ciudad Juárez, a Norma Andrade. Norma estaba en el hospital. Se repuso pero abandonó Juárez para instalarse en Ciudad de México. Un año después, en febrero de 2012, Norma fue atacada de nuevo, esta vez en la capital mexicana y mientras estaba, supuestamente, bajo protección policial.

La conocí en abril de 2005, en el primer viaje que hice como periodista a Ciudad Juárez, poblacho fronterizo donde, como aseguró el francés Patrick Bard, hasta al diablo le daba miedo vivir. Ciudad Juárez, Estado de Chihuahua, frontera norte de México con El Paso (Tejas, Estados Unidos). Desierto. Frontera. En Juárez, Estados Unidos está al otro lado del puente, en la calle de enfrente. Elevando la mirada por encima de los tejados de cartón y zinc de las casuchas juarenses se vislumbran los modernos edificios de El Paso. Muchos intentan pasar la frontera. En ese largo viaje hacia otra vida, centenares de mujeres han encontrado la muerte.

Norma llegó a la entrevista con sus dos nietos, dos niños revoltosos de mirada triste. Eran dos bebés de veinte y cinco meses cuando su madre fue asesinada. Norma Andrade se había convertido en una de las referentes de la lucha contra el feminicidio que se estaba sufriendo en la ciudad.

Era, junto a Marisela Ortiz, la representante de la asociación *Nuestras Hijas de Regreso a Casa*. Pero, sobre todo, Norma es la madre de Alejandra García Andrade, asesinada en febrero de 2001. Alejandra estuvo desaparecida siete días. Fue torturada y violada reiteradamente. Había sido esposada, sufrió quemaduras y tenía trozos de su cuerpo arrancados a mordiscos. La secuestraron a la vuelta del trabajo y su cadáver apareció delante de la maquila en la que estaba empleada. Su madre se convirtió en activista y nunca bajó la voz denunciando que el Gobierno era responsable de todas esas muertes de muchachas porque nunca las habían investigado, ni detenido a los culpables, pero, además, porque durante años las autoridades mintieron. Decían a las familias que las muchachas desaparecían porque llevaban minifaldas, porque andaban por ahí de noche... Durante años, las muchachas eran asesinadas y nadie sabía muy bien qué ocurría. De hecho, las mujeres en Juárez se sentían seguras porque no respondían a ese perfil. Sin embargo, Alejandra Gardía Andrade, la hija de Norma, vestía pantalón y *chamarra* porque había salido de casa a las seis de la mañana para ir a trabajar y cuando desapareció aún no eran la siete de la tarde.

Las primeras noticias sobre el ataque a Norma fueron tan emblemáticas como ella misma. La Fiscalía General de Justicia del estado de Chihuahua, al que pertenece Juárez, confirmaba en un informe preliminar que la activista recibió al menos cinco impactos de bala mientras se dirigía hacia su coche, ataque que atribuyó a un intento de robo del vehículo.

Por su parte, la Comisión Estatal de Derechos Humanos de Chihuahua condenaba el atentado y solicitaba a la fiscalía del estado establecer una mayor vigilancia policial en el hospital donde se encontraba Norma Andrade. Asimismo, solicitaba que se iniciasen las investigaciones correspondientes para detener a los responsables del atentado.

En los últimos años, no ha parado el goteo de asesinatos de activistas. Susana Chávez, poeta y creadora del lema «Ni una más» para protestar contra los asesinatos de mujeres en la ciudad, fue violada, mutilada y asesinada el 11 de enero de 2011 por tres personas.

Un mes antes, perdió la vida Marisela Escobedo frente a la sede del Gobierno de Chihuahua cuando pedía justicia por el homicidio de su hija, cuyo asesino confeso fue liberado por los jueces. También fue asesinada Josefina Reyes, ex regidora izquierdista de un municipio aledaño a Ciudad Juárez y luchadora social durante más de dos décadas, acribillada por un grupo de hombres sobre la carretera rumbo a Valle de Juárez. En noviembre de 2010, la activista Flor Alicia Gómez, de Justicia para Nuestras hijas y del Centro Derechos Humanos de las Mujeres, fue violada y asesinada.

Ciudad Juárez está regada de cruces. Cruces en memoria de las mujeres y niñas asesinadas. Cruces humildes, de madera, pintadas de rosa y con el nombre de la víctima y la fecha en la que fue encontrado su cadáver escritos en tinta negra. Homenajes humildes para mujeres humildes. Cruces para evitar el olvido que pretenden las autoridades y buena parte de los comerciantes y vecinos acaudalados de la ciudad.

Nadie sabe exactamente cuántas son las mujeres asesinadas en Juárez, aún menos las desaparecidas. Las cifras bailan de forma siniestra y alcanzan proporciones tan estremecedoras como la extrema violencia que han sufrido las víctimas. Niñas, adolescentes, jóvenes, estudiantes, madres, bailarinas, maquiladoras, prostitutas, periodistas...

mujeres, todas mujeres. Secuestradas, violadas, asesinadas, acuchilladas, estranguladas, tiroteadas, mutiladas, torturadas...

El recuento comenzó en 1993, casi por azar, y, desde entonces, la lista no ha dejado de crecer. Asesinatos que han permanecido impunes. La falta de investigación ha alimentado todas las hipótesis y centrado las sospechas sobre las fuerzas de seguridad y los responsables políticos del estado de Chihuahua, bien como culpables, bien como encubridores. Ni siquiera las madres de las muchachas asesinadas creen que quienes están en prisión acusados de matar a sus hijas sean más que chivos expiatorios. Las pruebas evidencian confesiones arrancadas con torturas. La impunidad se extiende.

Fue Esther Chávez quien comenzó a hacer el recuento de las mujeres asesinadas. Un año antes, una mujer había sido violada en la cárcel de la ciudad. Fue el detonante para que numerosas mujeres se agruparan y crearan la asociación 8 de Marzo. Tras ese suceso, comienzan a tomar conciencia de los índices de violencia contra las mujeres que se soportaban. Esther Chávez hizo el recuento sobre las noticias que aparecían en los periódicos. Ella misma aseguraba que su lista no tiene validez científica, pero fue la base para ir descubriendo lo que ocurría en la ciudad. De ahí arrancaron todos los estudios. Esther también ha fallecido.

El domingo 21 de septiembre de 2002, Erika tenía 26 años, un hijo de diez y una niña de cinco. A las dos de la tarde salió de casa, alegre. Apenas llevaba unos días trabajando en una maquila en el turno especial de fin de semana. Era lo que estaba buscando. Podía cuidar a sus hijos y tener un sueldito. Erika vivía con su marido y los pequeños en una barriada que en realidad es periferia de otra. Erika no regresó. Fue su madre, doña Elia, quien el lunes se encargó de los niños antes de irse a trabajar al restaurante donde estaba empleada como cocinera. Cuando regresó a casa, pasadas ya las cuatro de la tarde, se encontró con la policía. Le ordenaron subir al coche y le hicieron un interrogatorio: cuántos hijos tenía, en qué trabajaban... Llegaron a un lugar, que doña Elia no pudo identificar porque no conocía apenas la ciudad, y allí le comunicaron que tenía que hacer una tarea difícil: identificar el cadáver de Erika. En ese momento, y sin previo aviso, le notificaron que su hija estaba muerta. Doña Elia enterró a su hija y se enfrentó al dolor de la muerte y la infamia. Erika apareció violada, semidesnuda, descalza, estrangulada con las asas de su propio bolso. Ante esas evidencias, las autoridades dijeron que había muerto por sobredosis. Así apareció en los periódicos. Nunca se investigó su asesinato ni se la consideró víctima de un crimen sexual. El caso se cerró diciendo que era prostituta y drogadicta. Ese mismo lunes se celebraba un congreso en Juárez sobre los asesinatos contra mujeres. Todas las autoridades del estado de Chihuahua estaban en la ciudad.

Idéntica situación se repite en la mayoría de los casos. Al dolor del asesinato o la desaparición de sus hijas, la mayoría de las familias tienen que sumar el tormento de que la policía y los responsables políticos intenten destrozar la reputación de las víctimas. Sistemáticamente declaran en la prensa que llevaban una doble vida, que eran vagas, drogadictas, prostitutas...

Silvia tenía quince años, era la pequeña de la familia, la única mujer entre cuatro hermanos varones. El 7 de junio de 1995 uno de sus hermanos la llevó al colegio. Después de clase, Silvia trabajaba en una zapatería en el centro de la ciudad. Solía llegar a casa a las nueve de la noche y su madre, doña Ramona, iba todos los días a esperarla a la parada del autobús. Esa tarde no llegó. Doña Ramona esperó y esperó hasta que regresó a casa, y junto a su marido y todos sus hijos se pusieron a buscar a la pequeña. Fueron a la zapatería, acudieron al ministerio público a poner la denuncia, no sirvió de nada. Les dijeron que tenían que esperar 72 horas. Recorrieron la ciudad día y noche, llevaban fotos y preguntaron a todos los vendedores callejeros... Hicieron el trabajo que correspondía a las autoridades y éstas no quisieron asumir. Ni en el caso de Silvia ni en el de ninguna otra. En esas semanas desaparecieron cuatro muchachas más. Las madres se juntaron y fueron a ver al gobernador, Francisco Barrio, del Partido de Acción Nacional (PAN). Y el gobernador aseguró a las cuatro madres que sus hijas llevaban una doble vida, que ellas no tenían ni idea, que eran prostitutas y que por eso habían desaparecido. Incluso la policía le aseguró a doña Ramona que la víspera habían visto a su hija bailando hasta la madrugada. Bien sabía ella que era mentira, que iba todas las noches a esperarla y que bajaban juntas a casa riendo y jugando, como la casi niña que aún era.

Silvia Elena estuvo casi dos meses desaparecida. Nunca la encontró la policía. Su madre explica cómo cerraron su caso: «Se la topó un señor, dio parte y los judiciales vinieron a buscarme. Solo me dejaron ir a mí, bajaron a mis hijos del coche y les obligaron a quedarse en la casa. Cuando llegamos al depósito de cadáveres fue cuando me enfrenté a la idea de que mi hija estaba muerta. En aquellos años nada sabíamos de los asesinatos de las muchachas. Me enseñaron un cadáver que tenía la piel seca, acartonada, en su cara no había carne, era pura calavera, solo su pelo conservaban. Yo vi que ese cadáver tenía los dientes muy chiquitos y mi hija tenía los dientes grandes. Y le dije al forense, "¡ay, no!, esa no es mi niña". Pero había aparecido toda su ropa, con todo lo que salió mi hija de casa, allá estaban hasta sus zapatos. Como no quise reconocer el cadáver, la policía me dijo que tenían cosas más urgentes que hacer que devolverme a casa. No tenía ni un peso, había salido apurada. Caminé y pedí dinero en la calle para regresar. Fueron mis hijos, más tarde, quienes dijeron que sí, que aquel cadáver era mi niña. La policía culpó al egipcio Sharif y nunca más investigaron. Ni siquiera cuando no encontraron ninguna prueba que lo inculpara. De todas formas, lo condenaron por otro asesinato.» El esposo de Ramona falleció a los tres meses de la desaparición de su hija.

Las madres de las fallecidas fueron las primeras en plantar cara a la impunidad y aún llevan la batuta de la lucha contra el feminicidio. Nunca han conseguido silenciarlas. La primera asociación de madres que se formó se llamaba significativamente Voces Sin Eco. Otros grupos han seguido su ejemplo.

Volví a Ciudad Juárez varias veces desde aquella primera visita. En cada regreso, faltaba alguien. Esther, Marisela, el abogado Dante Almaraz... Juárez se ha convertido en un paradigma de la violencia contra las mujeres, un paradigma del feminicidio, pero la situación es similar en la frontera sur y aún más escalofriante en Guatemala. La impunidad se ha instalado en buena parte de México y Centroamérica, y la vida de las mujeres no vale nada.

LAS SEMILLAS DEL ODIO

Como las niñas no valen nada en buena parte de Asia, donde faltan, por la prioridad que se da a los hijos varones, unos cien millones de mujeres. Faltan las mujeres porque están muertas. La mayoría, antes de haber nacido a causa de los abortos selectivos de los fetos femeninos, otras muchas, cuando apenas son bebés por abandono, desnutrición, infanticidio...[26]

Buena parte de las que sobreviven no lo tendrán fácil. Aún son frecuentes los matrimonios en la adolescencia y preadolescencia y, como consecuencia, los embarazos en niñas de apenas 12 o 13 años. En India, miles de mujeres mueren al año a consecuencia de los *fuegos del sari*, supuestos accidentes provocados cuando la dote que recibe la familia política no se considera suficiente. En Bangladesh, cada vez más mujeres y niñas son desfiguradas por los ataques con vitriolo, chorros de ácido —barato y fácil de conseguir— con el que son atacadas por rechazar una petición de matrimonio o una relación sexual, también por cuestiones relacionadas con la dote o como *castigo marital*.

En África, la ablación de clítoris está, aún hoy, prácticamente generalizada. Están vivas pero mutiladas. En todo el mundo, aumentan las esclavas a un ritmo de un millón y medio de mujeres y niñas al año. Son las mujeres sometidas a la esclavitud sexual. También son las niñas y las adolescentes especialmente vulnerables en los conflictos armados, que son tiempos de violaciones sistemáticas. Violaciones como arma de guerra que persiguen la humillación del bando enemigo y dejar el mayor número posible de embarazos. Las guerras de la antigua Yugoslavia, entre 1991 y 1999, la segunda guerra de Argelia, entre 1992 y 1997, y los cien días de genocidio de Ruanda, entre el 6 de junio y el 4 de julio de 1994, no pueden ser olvidados. Violencias extremas, violaciones masivas, embarazos no deseados, trans-

26. Benedicte Manier, *Cuando las mujeres hayan desaparecido*, Cátedra, Madrid, 2007.

misión de sida... Una crueldad difícil de entender y de digerir. Semillas de odio plantadas en medio mundo.

Asma Jahangir, relatora especial de las Naciones Unidas en materia de ejecuciones extrajudiciales, sumarias o arbitrarias, estimaba en más de cinco mil las mujeres que son asesinadas al año en todo el mundo por los denominados *crímenes de honor*, que no son más que el derecho que se irrogan las familias para ejecutar a las mujeres que les molestan.

En demasiados lugares del mundo, la explotación sexual de las mujeres y niñas se utiliza como moneda oficiosa del soborno... Todavía hay millones de mujeres que no pueden obtener pasaporte, no pueden viajar al extranjero u obtener un empleo sin permiso de un hombre, no pueden iniciar una demanda de divorcio...

«No es una guerra correcta», recuerda Alexiévich que le dijo más de un editor cuando enviaba el manuscrito de *La guerra no tiene rostro de mujer*. Así es. Más de una y de dos reporteras habrán oído como yo lo que no es *correcto*. No hables en tus crónicas de las incubadoras que no funcionan, de los abortos espontáneos, de las violaciones de los *amigos*, incluso de novios y maridos, amparados en la noche de la guerra. No hables del contingente de mujeres prostituidas que demandan los ejércitos, todos los ejércitos, incluidos los cascos azules de Naciones Unidas. No hables de lo que se sienten obligadas a hacer las mujeres cuando no tienen nada que dar de comer a sus hijos. No hables de que, mientras caen las bombas, las mujeres son responsables de los hijos y las hijas, de los ancianos. Ellas los cuidarán, alimentarán, sacarán adelante mientras los hombres están asesinando en el frente. Cuando todo acabe, muchos habrán muerto, muchas de ellas también —la mayor parte de las vidas segadas en los conflictos armados actuales son de civiles—. Ellos, los que regresen vivos, serán tratados como héroes, admirados y queridos. Sus traumas y enfermedades mentales serán sufridas en silencio por sus familias porque son cosas de héroes. Cuando todo acabe, muchas de ellas serán tratadas con desprecio por lo que hicieron para mantener a sus familias, educarán y cuidarán a hijos fruto de violaciones, nunca estarán a la altura de la heroicidad de los asesinos. No, ése no es el relato correcto.

¡SÁCAME DE AQUÍ!

Repaso las notas de los viajes a Afganistán, a la Siria de Bashar al-Assad, a la Libia de Muamar el Gadafi, al Egipto de la Primavera Árabe en las semanas previas a la redacción de la nueva Constitución, al siempre violento Pakistán, o a Jordania, la gran aliada de Estados Unidos, y en todas las libretas tengo repetido y subrayado que todos los hombres con los que me entrevisté, también los extranjeros, también los representantes de Naciones Unidas sobre el terreno, hasta los responsables de las ONG's, me aseguraron que en ninguno de esos escenarios, ni siquiera en Afganistán, la negación de derechos a las mujeres y la violencia que éstas sufrían eran el problema, tan solo un problema más.

Se equivocan. Supongo que una mezcla de arrogancia y ceguera de género —a partes iguales— les impide ver con claridad que, además de ser ética y humanamente intolerable la falta absoluta de derechos de millones de mujeres en buena parte del mundo, ése es El Problema y, por tanto, acabar con esa situación también es la solución.

Una tarde, en Kabul, cuando parecía que ya podíamos iniciar el regreso —difícil fue entrar, difícil fue salir—, cometí un error de reportera joven, uno de esos errores de manual. Impresionada por la valentía de la traductora que me acompañaba, conmovida por cómo se jugaba la vida y con mucho miedo por ella, le pregunté qué quería, en qué podía ayudarla. Error de principiante, porque en una situación como esa no hay mucho que puedas prometer. Efectivamente, me miró y dijo: «Sácame de aquí.»

En el avión de regreso a España, en el trayecto Islamabad-Roma, íbamos sentados en una fila de tres asientos una joven afgana, en el pasillo; mi compañero fotógrafo, en el medio; y yo en la ventanilla. Aprovechando que Fernando se fue al baño, ella me pidió que le cambiara de sitio para no ir al lado de un hombre. No recuerdo su nombre pero viajaba sola, sin velo ni burka.

Cuando la escritora y periodista libanesa Joumana Haddad vino a Madrid a presentar su libro *Yo maté a Sherezade: confesiones de una mujer árabe furiosa*, organizamos una cena con ella y un pequeño grupo de amigas. Todas deseosas de conocerla y de que nos contara cómo estaba la situación en Líbano. Yo aún trabajaba en el Ministerio de Igualdad, y Joumana, efectivamente, estaba furiosa. Buena parte de su ira nacía de lo que Europa estaba haciendo respecto a la expansión del fundamentalismo. «No entiendo por qué no prohíben el velo. Ustedes que pueden hacerlo, ¿por qué no paran este movimiento?», me recriminó toda la noche.

¿DÓNDE ESTÁN LAS TRINCHERAS?

A las mujeres no nos veían ni muertas, le gusta decir a Teresa Meana. Así es. Europa y Estados Unidos son indiferentes al sufrimiento de las mujeres. A sus dirigentes nunca les ha conmovido lo suficiente como para reaccionar, ni la ablación del clítoris ni los matrimonios de niñas, ni los ataques de ácido. Sus estrategas han movido tropas para tener asegurado el gas, el petróleo o su propio ego. Esa ceguera continúa.

Hasta que el fundamentalismo no comenzó a atentar en Europa no reaccionaron frente a la expansión de la ideología wahabí, la más poderosa de las corrientes fundamentalistas del islam y la más inhumana, no reaccionan al crecimiento del *islam verdadero* ni del *petroislam*, como la denominan algunos autores. No les importó ni la falta de derechos de las mujeres en sus países de origen, ni tampoco la de las inmigrantes que pasaban nuestras fronteras. No solo hicieron oídos sordos, probablemente ninguno de los señores que toman decisiones geoestratégicas podría nombrar a una sola de las feministas argelinas, tunecinas, turcas, sirias, marroquíes o egipcias que llevan décadas denunciando la expansión del islamismo radical.

En nada quedó la potente acusación de Fadela Amara cuando en su libro *Ni putas ni sumisas* dejó constancia de cómo en las segundas generaciones de inmigrantes, en la moderna y laica Francia, las mujeres se veían obligadas a vivir las formas más arcaicas de sumisión y miedo.[27] Fadela describió con todo detalle que en esas barriadas ni siquiera mandaban los padres o la tradición, sino una generación de hermanos mayores que organizaban violaciones contra las disidentes, contra aquellas que se negaban a vestir el velo, a no exhibir ni sus derechos ni sus conocimientos, a no salir con chicos. Relató con coraje que los varones adolescentes de las barriadas parisinas y otras grandes ciudades francesas utilizaban el miedo y la violencia contra las mujeres, contra sus hermanas, para conseguir respeto. Si la hubiesen leído,

27. Fadela Amara, *Ni putas ni sumisas*, Cátedra, Madrid, 2004.

habrían sabido interpretar —y combatir— las agresiones sexuales masivas que cerca de mil hombres cometieron en Colonia (Alemania) la noche de fin de año, cuando recién estrenábamos 2016. El movimiento *Ni putas ni sumisas*, del que nace el libro de Fadela Amara, se manifestó por las calles de París el 8 de marzo de 2003. Consiguió reunir a más de 30.000 personas en aquella manifestación histórica que pretendía alertar de la situación y, sobre todo, acabar con la impunidad y tener respuestas y seguridad para las mujeres. Sí, habían pasado trece años. Tiempo suficiente para que a nadie le pillara por sorpresa el ataque de Colonia. Tiempo suficiente para que Europa se hubiese tomado en serio la vida y la integridad de las mujeres.

Pero mientras la violencia se ejercía contra las mujeres, no fue un problema. «La moda la marca Arabia Saudí», me explicaba Saima, en Peshawar, con total normalidad, incluso divertida, como si estuviésemos preparando un reportaje para *Vogue*, cuando le preguntaba por los diferentes tipos de velos que usaba. El fundamentalismo más violento estaba conquistando países y llegando a Europa a través de la televisión por satélite y la palabra de los imanes generosamente pagados por Arabia Saudí. Todo el mundo lo sabía. Nada hicieron por asegurar que, al menos, las mujeres inmigrantes conocieran el idioma del país al que llegaban —única forma de salir de cualquier gueto— y conocieran sus derechos. Toda la preocupación se centró en falsos debates sobre prohibir o no los velos. Debates recurrentes aprovechados por la extrema derecha.

El problema no son las mujeres que quieren usar burkini, el problema son las mujeres que no quieren usarlo y están obligadas a ello. Ni burkini ni burka, ni hiyab, ni litam, ni chador, ni nicab. El problema son las posibilidades reales que tiene cada mujer para tomar sus propias decisiones. El problema es pensar que todas las mujeres son iguales y piensan igual. Que todas las mujeres nacidas en países musulmanes son creyentes y sumisas. El problema es no defender los derechos humanos de las mujeres, en cualquier parte del mundo. Como dice Amelia Valcárcel «cuando las mujeres se resienten es que el cuerpo social está enfermo». Cuando las mujeres sufren los índices de violencia actuales, es que el cuerpo social está moribundo.

«Y yo que había luchado contra toda una guerra mundial, tuve que reconocer que los peores conflictos son las guerras privadas. Es un poco menos malo saber que en la próxima trinchera hay un ejército enemigo que saber que lo tienes a tu lado, en la cama.» Lo dice Herra, la anciana protagonista de *La mujer a mil grados*, uno de los libros más lúcidos contra la violencia.[28] Para las mujeres, las guerras no solo están en el campo de batalla.

La violencia contra las mujeres, la violencia de género, lejos de desaparecer, es un fenómeno en plena expansión. En 2013, la Organización Mundial de la Salud (OMS) le puso un calificativo: epidemia. Según la OMS, la violencia contra las mujeres es un «problema de salud global» que tiene «proporciones epidémicas», esas fueron las conclusiones del primer informe mundial que ha realizado.[29] Se trata de una violencia que afecta a un tercio de las mujeres del planeta. Algunos datos de ese informe son que el 38% de los asesinatos de mujeres en el mundo son casos de vio-

28. Hallgrimur Helgason, *La mujer a mil grados*, Lumen, Barcelona, 2013.
29. Estimaciones mundiales y regionales de la violencia contra la mujer: prevalencia y efectos de la violencia conyugal y de la violencia sexual no conyugal en la salud, publicado por la OMS en colaboración con la Escuela de Higiene y Medicina Tropical de Londres y el Consejo de Investigación Médica de Sudáfrica.

lencia machista, o que el 35% de las mujeres en todo el mundo sufre violencia física o sexual por parte de sus compañeros sentimentales o de alguien fuera de la pareja en algún momento de sus vidas.

Además de las cifras, el informe evidencia precisamente la falta de ellas. Los propios autores de la investigación reclaman más estudios: «Necesitamos que más países midan este tipo de violencia y estudien los mejores instrumentos de medición que estén disponibles», exponen en el informe, y sobre todo subrayan la necesidad de que todos los sectores de la sociedad se comprometan a «eliminar la tolerancia ante la violencia contra las mujeres» y a ayudar a las que la han padecido.

En marzo de 2014, conocíamos el Informe sobre violencia contra las mujeres realizado por la Agencia de los derechos fundamentales de la Unión Europea. Los datos, estremecedores.

En el último año, 13 millones de mujeres sufrieron violencia física en los 28 estados miembros, 3,7 millones fueron violadas y nueve millones de mujeres fueron víctimas de acoso. A lo largo de su vida, 62 millones de europeas, es decir, una de cada tres, ha sufrido violencia física o sexual —la encuesta recoge datos a partir de los 15 años, así que se queda fuera toda la violencia sufrida por las niñas—. Prácticamente la mitad, 47%, ha sufrido violencia psicológica por parte de su pareja y son 102 millones de mujeres las que han sufrido acoso sexual. La mayoría de las víctimas, alrededor del 70%, no denuncia esta violencia.

Las propias conclusiones del informe europeo señalan que, como la mayoría de las mujeres no recurre al sistema judicial ni a otros servicios, se pone de manifiesto que las necesidades y los derechos de millones de mujeres europeas no se abordan en la práctica actualmente.

El estudio pone cifras a lo que hace ya mucho tiempo sabíamos: que es muy difícil encontrar alguna mujer que no haya sufrido a lo largo de su vida algún tipo de violencia masculina. Y, sobre todo, que la impunidad se extiende: las mujeres no denuncian y las autoridades no actúan de oficio —ni siquiera en los países que, como España, hay una Fiscalía especializada—.

En 1993 escribí mi primer reportaje sobre violencia de género, aunque por aquel entonces no la llamábamos así. Hacía poco tiempo que me había incorporado a la revista *Interviú* y decidí comprobar si era verdad aquel «nos atrevemos con todo» del que presumía el semanario. En 1993 apenas se hablaba de asesinatos de mujeres. Aparecían de vez en cuando en las páginas de «sucesos» de los periódicos y casi siempre bajo la explicación de crimen pasional o cualquier otra justificación parecida. No había estudios, no había datos, no había explicaciones... parecían muertes *normales*. Comencé a trabajar sobre el tema y me sobrecogió lo que fui encontrando. Tras aquella desdeñosa expresión de *violencia doméstica* —como se le llamaba entonces—, había un verdadero horror de torturas, desprecios, agresiones y, sí, asesinatos. Muchos asesinatos. Tantos, como que el titular de aquel reportaje fue «Los maridos españoles matan más que ETA», y en 1993 ETA mataba mucho. Durante los 43 años que la organización terrorista estuvo activa, se convirtió en una de las principales preocupaciones de la ciudadanía, un problema de primer orden, y se realizó un esfuerzo brutal para sostener la lucha antiterrorista, tanto en medios económicos, como humanos.

Hoy, pasados más de veinte años, ETA ya no mata, los maridos, ex maridos, novios y amantes, continúan haciéndolo sin que la violencia de género se haya convertido ni en un problema de Estado ni en una de las principales preocupaciones de la ciudadanía. Más que esfuerzos para combatirla, podríamos hablar de absoluto desdén: el 0,01% del total de los Presupuestos Generales del Estado para 2015 se destina a la lucha contra la violencia de género.

Según las cifras oficiales del Ministerio de Interior, en 43 años de existencia, ETA asesinó a 829 personas. En numerosos medios de comunicación, así como en las páginas web de las asociaciones de víctimas del terrorismo, se puede encontrar la relación con nombres y apellidos de cada víctima mortal.

Según las cifras oficiales, en los quince años que van del 2000 al 2015, la violencia de género ha asesinado en España a 970 mujeres. Proporcionalmente, en 43 años serían 2.771 asesinatos de mujeres. Aún más escalofriante que la cifra, que las vidas destrozadas, es que ni siquiera podemos honrar su memoria. Los 970 asesinatos a los que podemos poner rostro y recuerdo corresponden únicamente a aquellas mujeres que fallecieron en el momento de la agresión. Nadie sabe cuántas mujeres se suicidan al año como consecuencia de los malos tratos. Nadie tiene ni idea de las mujeres que fallecen como consecuencia de las enfermedades y lesiones que provoca esta violencia.

Inexactitud. Aún hoy, en pleno *boom* de la informática, las redes sociales, las estadísticas, en el momento histórico en el que podemos calcular hasta la huella de carbono, la información que tenemos sobre la violencia contra las mujeres es escasa y fragmentaria. Siempre que hablamos de violencia de género lo hacemos sobre magnitudes estimadas, cifras aproximadas y números calculados nunca exactos. Los datos de los que se dispone solo reflejan una parte de la realidad. Aún hoy, la mayor parte de la violencia que sufren las mujeres permanece soterrada, escondida. A pesar de que las cifras que manejamos son escalofriantes, documentar la violencia contra las mujeres no es una prioridad en la mayoría de los países. Destinar medios y recursos para frenarla, aún menos.

¿No es ese desdén hacia la vida de las mujeres una forma de misoginia en sí mismo?

5

Cansadas de la nueva misoginia

Entonces recuerdo que existe el grito.
Que puedo gritar.
No lamentarme, que en eso nos hemos pasado la vida,
de pura niebla se convertiría el firmamento
si juntásemos los lamentos dispersos de cada una,
opacaríamos al sol para siempre y nos gusta tanto el sol.
Tampoco silenciarme, de ello ya tenemos bastante,
sílabas opacas cayendo a un vacío que no controla mi boca.
Ni llorar.
La hora del llanto ya se heló, copó todas las vasijas.
Rebasó la peor de las lluvias precipitadas.
¡Ni una lágrima más!
Es la hora del grito.

MARCELA SERRANO

Salomón no era sabio, dice Celia Amorós. Se trataba, tan solo, de un patriarca con capacidad para tomar decisiones que, una vez tomadas, y por la única razón de que eran suyas, se convertían en sabias... por los siglos de los siglos...

Es decir, Salomón tenía autoridad. Amorós ha estudiado a fondo *la razón salomónica* no porque tuviese o no razón en el famoso juicio sobre la *madre verdadera*, sino porque con su aclamada sentencia, aquella de partir el niño por la mitad, el supuesto sabio sentó cátedra y fundó escuela al determinar que la palabra de las mujeres no vale nada, aún más, que precisamente dice la verdad quien reniega de lo dicho hasta entonces. Vamos, que las mujeres no tenemos *palabra de honor*.

El juicio se desarrolla, según cuenta la Biblia, cuando se presentan ante Salomón dos mujeres disputando sobre quién es la madre de un bebé. Ambas aseguran que el niño es suyo. Sin más elementos a tener en cuenta que la palabra de ambas, Salomón sentencia que se parta al pequeño por la mitad para repartirlo entre las dos. Una de ellas, entonces, se retracta. Y así se relata en el texto cristiano:

La mujer que era madre del hijo vivo clamó al rey (porque se le conmovieron sus entrañas por amor a su hijo): Dale, te ruego, ¡oh señor!, a ella vivo el niño, y no le mates. Al contrario, decía la otra: ni sea mío ni tuyo, sino divídase.

Entonces el rey tomó la palabra y dijo: Dad a la primera el niño vivo, y no hay que matarlo, pues ella es su madre.

Divulgóse por todo Israel la sentencia dada por el rey, y se llenaron todos de temor hacia él, viendo que le asistía la sabiduría de Dios para administrar justicia.

De esta manera —sin ninguna prueba ni investigación de tipo alguno—, el patriarcado, como explica Amorós, da la razón al patriarca: madre es la que quiere la vida del hijo aunque se lo arrebaten, aun a costa de su propia deslegitimación, de la descalificación de su palabra. Nadie ha explicado por qué no podía ser la verdadera madre la que coloca por delante su honor, la honradez y verdad de su palabra. Todo lo contrario, se entrega el niño, como premio, a la que se desdice de su propio testimonio.

Frente a ello, la propia Celia pone dos ejemplos históricos de cómo se resuelven estas situaciones en el caso de los varones. En el primero, recuerda la leyenda de Guzmán el Bueno en la Reconquista, quien, puesto ante el dilema de ceder la plaza militar o ver cómo sus enemigos asesinan a su hijo tomado como rehén, decidió lo segundo. También se cuenta que el general Moscardó se vio en situación parecida en la guerra civil al tener que decidir entre la vida de su hijo y la rendición del Alcázar de Toledo. Como Guzmán el Bueno, optó por sacrificar a su hijo. Ambos son considerados héroes y hombres de palabra, de palabra de honor. Aún más. A diferencia de la madre salomónica, a pesar de optar por la muerte de sus hijos, no por ello dejan de ser considerados verdaderos padres. Guzmán, el BUENO, así ha pasado a la historia.

Así, *y por los siglos de los siglos,* ha quedado insertada en nuestra cultura la convicción de que la palabra de las mujeres es irrelevante y carece de valor testimonial. Celia Amorós profundiza magistralmente cómo, desde entonces, las mujeres quedamos inhabilitadas para fundar genealogía —íntimamente unida a la herencia—, y por lo tanto no acumulamos ni instituimos sabiduría.[30]

La vigencia de la escuela salomónica es tal, que aún hoy

30. Celia Amorós, *Salomón no era sabio*, Editorial Fundamentos, Madrid, 2014.

la palabra de las mujeres no es creída. En algunos países ratificado por ley, es decir, las mujeres no pueden testimoniar en un juicio; en otros, se necesitan dos testigos mujeres por cada hombre —legalmente la palabra de las mujeres vale la mitad—; y, en otros, la igualdad ante la ley no ha sido capaz de modificar la costumbre. En nuestro imaginario colectivo permanece la verdad patriarcal de que las mujeres mienten (las niñas también).

Solo con ese sustrato cultural es posible el arraigo popular de un bulo como el que dice que hay miles de denuncias falsas en los casos de violencia de género, por ejemplo. Una gran mentira desmentida sistemáticamente por los datos oficiales, que sin embargo se continúa empleando como si fuera cierta.[31] Pero, además, aún quedan *salomoncitos* a montones, como diría Amorós, dictaminando sus sentencias en las cuestiones que afectan a las mujeres y emitiendo juicios, tan sabios como el del rey sabio, es decir, aprovechándose de que la autoridad y la sabiduría son patrimonio masculino puesto que a las mujeres nos ha sido expropiado.

Rebeca Solmit ha puesto nombre, *mansplaining* —o al menos lo ha popularizado—, a la versión moderna de este

31. En la Memoria de la Fiscalía General del Estado 2016, se fija el porcentaje: Año 2015. En este año se interpusieron 129.292 denuncias por violencia de género. Se han incoado 18 causas por denuncia falsa; de ellas en 8 ocasiones se ha acordado el archivo o sobreseimiento provisional, 8 causas siguen en tramitación y en 2 se ha dictado sentencia condenatoria, una de ellas con conformidad, lo que representa en relación al total de las denuncias presentadas el 0,0015 %. Un porcentaje similar a los años anteriores: 2009-0,0088%; 2010-0,0052%; 2011-0,0089; 2012-0,0140; 2013-0,0112 y 2014-0,0077. Lo que significa que, desde el año 2009 hasta 2015, el porcentaje de denuncias falsas en violencia de género sobre el total no llega ni al 0,01%, exactamente suponen el 0,0099%.

expolio masculino de autoridad.[32] «Los hombres me explican cosas, a mí y a otras mujeres, independientemente de que sepan o no de qué están hablando. Algunos hombres», dice Solmit. El Diccionario Oxford ha definido *mansplaining* así: «Dícese de la actitud (de un hombre) que explica (algo) a alguien, normalmente una mujer, de un modo considerado condescendiente o paternalista.» No estamos hablando (solo) de la cara del encargado del taller cuando llevas el coche a reparar y del tono con el que te explica que se ha roto el manguito sin que se le pase por la cabeza que quizá puedas ser ingeniera de automoción. La cosa es que si supiera que eres ingeniera de automoción, te lo explicaría con la misma cara y el mismo tono.

Como te explican «eso del feminismo» señores que no han leído una línea sobre el tema, ni sabrían decirte el nombre de ninguna filósofa feminista, aunque tú acabes de publicar un libro sobre el asunto (pongamos por caso).

Una palabra nueva para una actitud antigua, pero cotidiana aún en los hombres del siglo XXI. Algunos hombres. Solmit ha dado en el clavo poniéndole nombre a otro problema que no lo tenía y que además es uno de los pilares de la nueva misoginia, la convicción de que la autoridad y la sabiduría son cualidades masculinas y atributos de los que aún no gozamos las mujeres.

LA NUEVA MISOGINIA

El término misoginia está formado por la raíz griega *miseo*, que significa «odiar,» y *gyne*, «mujer», y se refiere

---

32. Rebeca Solmit, *Los hombres me explican cosas*, Capitán Swing, Madrid, 2016.

al odio, rechazo, aversión y desprecio hacia las mujeres y, en general, hacia todo lo relacionado con lo femenino. Esperança Bosch y Victoria A. Ferrer señalan que, cuando hablamos de misoginia, nos estamos refiriendo a una actitud que tiene claros puntos de contacto con lo que se ha denominado sexismo tradicional u hostil.[33]

Paradoja donde las haya, en los últimos años se ha extendido una corriente de opinión que defiende la paulatina desaparición de la misoginia e incluso del sexismo, a pesar de que los indicadores muestran que la violencia de género, en todas sus manifestaciones, lejos de desaparecer es un fenómeno en plena expansión al que ninguna sociedad es capaz de poner freno.

Con esta expresión, *violencia de género*, denominamos la violencia que sufren las mujeres por ser mujeres, no por ninguna otra razón. Es la violencia que ejercen los hombres que consideran que las mujeres son de su propiedad y/o les deben sumisión y obediencia. Naciones Unidas la define como todo acto de violencia basado en la pertenencia al sexo femenino que tenga o pueda tener como resultado un daño o sufrimiento físico, sexual o psicológico para la mujer, así como las amenazas de tales actos, la coacción o la privación arbitraria de la libertad, tanto si se producen en la vida pública como en la vida privada. El asesinato es su máxima expresión, la mayor expresión de desigualdad entre mujeres y hombres, pero la violencia de género también se manifiesta con violencia sexual, económica, psicológica, verbal, estructural, simbólica, obstétrica, con los micromachismos, la explotación sexual, la mu-

33. V. A. Ferrer y E. Bosch, «Violencia de género y misoginia: Reflexiones psicosociales sobre un posible factor explicativo», *Papeles del Psicólogo*, n.º 75, 2000.

tilación genital femenina o los matrimonios forzosos, entre otras agresiones.

No, el sexismo y la misoginia no han desaparecido. Lo que plantean Bosch y Ferrer es la existencia de un sexismo sutil, un *sexismo moderno* que se materializaría en la negación de la discriminación que padecen las mujeres, en el antagonismo hacia nuestras demandas y en la falta de apoyo a las políticas de igualdad. Abundando en ello, entienden que podríamos hablar de un nuevo y un viejo sexismo. El *viejo sexismo* sería el hostil tradicional y el *nuevo sexismo* incluiría tanto el tradicional como el sutil. Es decir, que nos enfrentamos a nuevas formas de sexismo, mucho más sutiles, sin habernos librado de las que antaño se hacían directamente sin ningún disimulo. Como si a la vista de que la discriminación y las agresiones no disminuyen, el patriarcado hubiera decidido meterlas debajo de la alfombra. En vez de combatirlas, se esconden, se niegan o se disimulan, según los casos.

En ese *sincretismo de género* que explica Marcela Lagarde que sufrimos las mujeres actuales, estamos en la frontera de mujeres domésticas y públicas, madresposas-semiciudadanas. Y se concreta en poseer atributos modernos y, sin embargo, ser objeto de valoraciones premodernas.

Hoy, cualquiera de nosotras puede ser directora de un periódico, utilizar toda la tecnología a su disposición, liderar un equipo amplio de colaboradores y, al mismo tiempo, tener la obligación de ocuparse de todas las tareas domésticas y de cuidados en casa, sufrir el *mansplaining* del becario, leer una crítica sobre su aspecto cuando le toca ir a un acto público y haber sorteado un par de preguntas sobre su estado civil o sobre si es madre o no el día de su nombramiento.

Hoy, cualquiera de nosotras puede ser una parada de larga duración que soporta lecciones de jefes tan temporales como los trabajos precarios que ofrecen y, al mismo tiempo, sacar minutos para hacer los deberes con su hijo, poner lavadoras y terminar la tesis doctoral.

Hoy, cualquiera de nosotras puede ser una admirada abogada de prestigio con un largo historial de malos tratos a sus espaldas.

La nueva misoginia: discriminaciones antiguas, sobre nuevas formas sutiles, cubiertas todas ellas bajo el velo de la igualdad. Es el neomachismo del que habla Miguel Lorente,[34] cambiar todas las apariencias para que nada cambie porque los salomoncitos continúan ahí.

Podríamos incluso asegurar que se trata, en lo que se refiere a la violencia de género —como explicó Baudrillard en referencia al capitalismo—, de un intento de hacer coincidir lo real, todo lo real, con sus modelos de simulación.[35] Y ya sabemos que disimular es fingir no tener lo que se tiene y simular es fingir tener lo que no se tiene.

Vivimos en una cultura del simulacro en la que el patriarcado disimula el poder que tiene —cuanto menos se le note, mejor— y simula que la igualdad entre mujeres y hombres es un objetivo ya conquistado en las sociedades democráticas —el famoso velo de la igualdad—. Para todo ello necesita perpetradores, pero también son necesarias las complicidades y el silencio que alimenta la impunidad.

LA CULTURA DEL SIMULACRO

Un ejemplo. Es habitual escuchar cómo sacan pecho representantes políticos y sociales de lo más variopinto respec-

34. Miguel Lorente, *Tú haz la comida, que yo cuelgo los cuadros*, Crítica, Barcelona, 2014.
35. Jean Baudrillard, *Cultura y simulacro*, Kairós, Barcelona, 1978.

to a la legislación española contra la violencia de género. Se presume de que la Ley Orgánica 1/2004, de 28 de diciembre, de Medidas de Protección Integral contra la Violencia de Género fue aprobada por unanimidad en el Congreso de los Diputados —lo que tiene el subtexto de que toda la sociedad está unánimemente en contra de esta violencia—. Sin embargo, se olvida que hasta que el 13 de mayo de 2008 el Tribunal Constitucional avaló la constitucionalidad de la Ley (por 7 votos a favor y 5 en contra, no por unanimidad, desde luego), se habían presentado 180 cuestiones de inconstitucionalidad. Probablemente, sea la ley más recurrida al Constitucional de la historia de la democracia.

Otro, la Constitución afgana. El régimen talibán caía en 2001 y en enero de 2004, la Loya Jirga afgana promulgaba una nueva constitución, actualmente en vigor. En el artículo 22 se prohíbe cualquier discriminación o distinción entre la ciudadanía señalando que «hombres y mujeres tienen iguales derechos y obligaciones ante la ley». El texto constitucional también prohíbe las tradiciones que atenten contra los derechos humanos. He sido testiga en varias ocasiones de cómo representantes del Gobierno afgano o alguno de sus embajadores sacaban pecho hablando del principio de igualdad entre hombres y mujeres recogido en su Constitución. Les he visto dar lecciones de igualdad y respeto a los derechos humanos de las mujeres incluso en la sede de Naciones Unidas en Nueva York o en debates internacionales en El Cairo sobre la nueva constitución egipcia, poniendo la suya como ejemplo a seguir.

En la actualidad, más de 125 países cuentan con una legislación específica que formalmente contempla políticas en materia de prevención y protección de las víctimas y sanción de los maltratadores. Leyes que han visto la luz gracias a la presión de los movimientos feministas de todo el mundo por visibilizar, denunciar, teorizar y, con ello, politizar la violencia de género.

Buena parte de la cultura del simulacro en la que vivimos respecto a la igualdad entre mujeres y hombres proviene del uso sexista del lenguaje, es decir, de su uso ideológico. Eso significa, como mínimo, errores en la comunicación. En castellano, por ejemplo, el uso del masculino como universal provoca que indistintamente atribuyamos a hombres y mujeres características, derechos, bienes o situaciones que no les corresponden; invisibilización de las mujeres y asentamiento del androcentrismo —el hombre como medida de todas las cosas—, que a su vez provoca lo que ya Kate Millett llamó «falacias viriles».

La cuestión no es baladí. Dicho así, parece poca cosa, pero traducido en la vida cotidiana, es una potente arma ideológica. Por ejemplo, ya podemos encontrar el término feminicidio en el Diccionario de la Real Academia Española. Aparece como: «Asesinato de una mujer por razón de su sexo.» Así lo anunció la institución en 2014 al avanzar que ya estaba lista la 23 edición del Diccionario con la que conmemoró los 300 años de la Academia y que incluye alrededor de 6.000 nuevos términos. Tardó cuarenta años en incorporar el término —desde los años setenta del siglo XX trabaja el feminismo sobre su definición—, y cuando al fin se decide, lo hace mal. El feminicidio no se refiere al sexo, se refiere al género, a la construcción social que tolera, permite e incluso justifica y sanciona impunemente el asesinato de miles de mujeres en el mundo.

A estas alturas ya no se puede aducir ignorancia —numerosos países de América Latina y el Caribe tienen este delito tipificado en sus legislaciones, la Corte Interamericana de Derechos Humanos se basó en el mismo para condenar a México por los asesinatos de mujeres en el caso del Campo Algodonero de Ciudad Juárez, y hay miles de estudios, tesis doctorales, publicaciones y artículos centrados en el feminicidio, sus causas y sus consecuencias—. Así pues, la decisión de la Academia solo puede entenderse dentro de su militancia y su activismo contra las mujeres.

En este caso, no pueden defenderse ni aludiendo a que la Academia solo recoge el hablar común, el uso que los hispanohablantes hacen de la lengua —que es su argumentación habitual—, ni tampoco esgrimiendo la manida excusa de que nuestro Diccionario forma parte de una tradición y de una época. En 2014, cuando lo incorporó, la Academia, una vez más, decidió que no tenía ninguna responsabilidad sobre la misoginia, que es la semilla de la violencia contra las mujeres. Todo lo contrario, decidió continuar siendo beligerante contra la tradición intelectual feminista y, especialmente, contra el conocimiento acumulado en las últimas décadas sobre la violencia de género.

Marcela Lagarde, responsable del desarrollo del término en castellano —lo recogió del trabajo de las expertas Diana Russell y Jill Radford— y promotora, durante su legislatura como diputada en el Congreso Federal, de la incorporación del delito de feminicidio en el Código Penal Federal y de la Ley General de Acceso de las Mujeres a una Vida Libre de Violencia, ley vigente en México desde el 2 de febrero de 2007, compartía sus reflexiones sobre el trabajo de la RAE: «Ya sabíamos que el poder toma lo que creamos y nos lo devuelve pervertido, convertido en otra cosa. El feminicidio ya no es un concepto, es una categoría analítica que forma parte de una teoría política. El feminicidio se produce como la punta del iceberg de una violencia generalizada que cuenta con una enorme tolerancia social y del Estado que produce además injusticia e impunidad.» Para Lagarde, la definición de la RAE, en su empeño de ignorar el concepto género y su significado, utilizando sexo en su lugar, «pretende despojar el contenido político de ese análisis de la violencia contra las mujeres y las niñas. Cuando desarrollamos el concepto feminicidio, cuando nos referimos a él, estamos mencionando el horror misógino contra las mujeres y las niñas. El feminicidio es el asesinato de una mujer por razones de género, no de sexo».

Más allá de su machismo o de su misoginia, según los casos, lo más preocupante de la Academia es, en estos momentos, su irresponsabilidad.[36]

En vísperas de la aprobación en España de la Ley Integral contra la Violencia de Género, la Academia realizó una pirueta parecida. En esa incursión de militancia partidista, la RAE se dejó parte de su prestigio. Sus académicos realizaron un informe de urgencia (curioso en comparación con su lentitud habitual), y sin que nadie se lo hubiese solicitado, con la intención de evitar que se usara *género* en el nombre de la ley. El informe, vergonzoso desde el punto de vista académico, entra al fondo ideológico, es decir, defiende la expresión violencia doméstica precisamente para quitar el significado político que tiene violencia de género y que ya había sido ratificado por Naciones Unidas.

En aquella ocasión, la RAE señalaba por escrito: «Cri-

36. Datos Macroencuesta 2015. El 10% de las mujeres de más de 16 años en todo el Estado ha sufrido violencia física, el 25% violencia psicológica de control, el 22% violencia psicológica emocional, el 8% violencia sexual (la mitad antes de los 15 años) y el 11% violencia económica. Cifras que se incrementan un 33% en las mujeres con discapacidad. Solo el 45% acudió a servicios médicos, psicológicos, jurídicos o sociales, y solo un 29% la denunció y, de ellas, un 21%, retiró posteriormente la denuncia.

tican algunos el uso de la expresión violencia doméstica aduciendo que podría aplicarse, en sentido estricto, a toda violencia ejercida entre familiares de un hogar (y no solo entre los miembros de la pareja) o incluso entre personas que, sin ser familiares, viven bajo el mismo techo; y, en la misma línea —añaden—, quedarían fuera los casos de violencia contra la mujer ejercida por parte del novio o compañero sentimental con el que no conviva. De cara a una Ley integral la expresión violencia doméstica, tan arraigada en el uso por su claridad de referencia, tiene precisamente la ventaja de aludir, entre otras cosas, a los trastornos y consecuencias que esa violencia causa no solo en la persona de la mujer sino del hogar en su conjunto, aspecto este último al que esta ley específica quiere atender y subvenir con criterios de transversalidad.»

Es decir, la RAE considera que su misión, cuando se trata de cuestiones que afectan específicamente a las mujeres, es legislar. Tanto entonces como ahora, la RAE se posiciona políticamente en la defensa de que no existe una violencia específica contra las mujeres, ejercida por los varones por razones de género y que tiene por finalidad la exigencia de sumisión de las mismas, ya que para la institución es una ventaja, precisamente, que no haya una ley que combata específicamente la violencia que sufrimos por el hecho de ser mujeres. Teniendo en cuenta los 970 asesinatos de mujeres en los primeros quince años de este siglo, la militancia misógina de la RAE es una anomalía democrática.

Es la estrategia habitual de la nueva misoginia. Como los cadáveres son lo único que no se puede esconder, ya no hay tanta alfombra para tanto asesinato, los negacionistas están desarrollando el discurso de que todos, hombres y mujeres, niños, niñas, personas mayores, homosexuales, bisexuales y transgénero, sufren violencia, por lo tanto, el concepto de violencia de género es artificial. Lo dicen los negacionistas conservadores y los negacionistas progresistas. Unos y otros confluyen en el mismo objetivo. Como ejemplo, valga la definición de la Wikipedia: «La violencia de género es un tipo de violencia física o psicológica ejercida contra cualquier persona sobre la base de su sexo o género que impacta de manera negativa su identidad y bienestar social, físico o psicológico.» De acuerdo a Naciones Unidas, el término es utilizado «para distinguir la violencia común de aquella que se dirige a individuos o grupos sobre la base de su género», enfoque compartido por Human Rights Watch en diversos estudios realizados durante los últimos años.

Para la organización ONU-mujeres, este tipo de violencia «se refiere a aquella dirigida contra una persona en razón del género que él o ella tiene, así como de las expectativas sobre el rol que él o ella deba cumplir en una sociedad o cultura». Ésta presenta distintas manifestaciones e incluye, de acuerdo al Comité para la Eliminación de la Discriminación contra la Mujer, actos que causan sufrimiento o daño, amenazas, coerción u otra privación de libertades. Estos actos se manifiestan en diversos ámbitos de la vida social y política, entre los que se encuentran la propia familia, la escuela y la Iglesia, entre otras.

«La violencia de género es un problema que puede incluir asaltos o violaciones sexuales, prostitución forzada, explotación laboral, el aborto selectivo por sexo, violencia física y sexual contra prostitutas y/o prostitutos, infanticidio en base al género, castración parcial o total, ablación de clítoris, tráfico de personas, violaciones sexuales durante periodos de guerra, patrones de acoso u hostigamiento en organizaciones masculinas, ataques homofóbicos hacia personas o grupos de homosexuales, bisexuales y transgéneros, entre otros.»[37]

La definición de la Wikipedia, como la de la RAE, es negacionista. Una y otra representan la nueva y la vieja misoginia, que se parecen como dos gotas de agua, la única diferencia está en que la nueva se viste de modernidad y de *saber colectivo*, como le gusta definirse a la Wikipedia. Ambas son aliadas del patriarcado. La RAE no es una aliada cualquiera, la resistencia de los académicos —ya no a fomentar, pero al menos a no entorpecer un lenguaje menos sexista— tiene una tremenda potencialidad simbólica puesto que aún se considera referente. La wiki tiene el peso de la popularidad, solo su versión en español recibe una media de 423 millones de consultas por mes y la Wikipedia es cosa de hombres. Así lo pone de manifiesto el estudio que realizó en 2015 la propia enciclopedia *online* y que, entre otras cosas, concluía que solo alrededor del 12% de los que editan sus artículos (wikipedistas) son mujeres y que las publicaciones dedicadas a personajes femeninos presentaban desigualdades de género.

Conceptualizar es politizar, nos enseñó Celia Amorós: «Cuando se describía el asesinato de una mujer por parte de su ex pareja como *crimen pasional*, estos asesinatos ni siquiera se contaban: se trataban como *casos aislados*, diversos y discontinuos. No se suman magnitudes heterogéneas, melones con manzanas. La conceptualización emergente, por parte del movimiento y el pensamiento feministas, de estos casos como ejemplificaciones de un tipo específico de violencia que tenía un carácter estructural fue determinante para hacer que estos casos se homo-

37. Definición consultada en la Wikipedia el 4 de septiembre de 2016.

logaran y, por tanto, se contaran. A su vez, el hecho de que se contaran fue fundamental a la hora de insistir en la pertinencia del concepto acuñado desde el feminismo. Solo cuando este concepto estuvo disponible, se incorporó al vocabulario público, se volvió tema de debate y se asumió la necesidad de tomar medidas políticas para erradicar esa lacra social.»[38] Antes de acuñar el concepto de violencia de género, insiste Amorós, se utilizaba el recurrente *violencia doméstica* —que tanto le gusta a la RAE—, que no era más que un batiburrillo, un guirigay. En torno al maltrato, se pretende que exista la misma indefinición respecto a sus términos y conceptos que respecto a las cifras. El baile es muy similar. Cambia la letra pero lleva la misma música, el menosprecio. Parece que cada quien puede elegir la definición que más le guste porque, claro, conceptualiza quien puede. Como constata Amorós, «quienes tienen el poder son quienes dan nombre a las cosas». Es decir, conceptualizar empodera. Utilizar un concepto erróneo en cualquier otra área de conocimiento sería un desprestigio para quien lo haga, sin embargo carece de importancia cuando hablamos de la violencia que sufren las mujeres. La violencia doméstica esconde la finalidad de la violencia de género: la sumisión; esconde quiénes son sus víctimas: las mujeres por el hecho de ser mujeres, sin distinción de edad, cultura, clase social, nacionalidad, raza o religión; esconde su magnitud y es un argumento en contra de leyes específicas. Es decir, utilizar «violencia doméstica» cuando se trata de violencia de género es pretender esconder la desigualdad debajo de esa gran alfombra de la nueva misoginia.

En la cultura del simulacro, la reina es la hipocresía po-

---

38. Celia Amorós, *La gran diferencia y sus pequeñas consecuencias... para las luchas de las mujeres*, Cátedra, Madrid, 2005.

lítica y social. Recuerda Raquel Osborne unas declaraciones de Vladimir Putin, en noviembre de 2006.[39] En una reunión internacional, creyendo que los micrófonos estaban apagados, el mundo entero pudo escuchar por televisión las palabras del presidente ruso que expresaba su envidia por lo «macho» que era el presidente de Israel, acusado de haber agredido sexualmente a varias mujeres que trabajaban bajo su dirección incluso siendo ya presidente:

«Transmitan mis saludos a su presidente. ¡Vaya machote! ¡Violar a una decena de mujeres! No lo esperaba de él. Nos ha sorprendido a todos. Todos le tenemos envidia.»

Vladimir Putin fue reelegido en marzo de 2010 presidente de Rusia. Un Putin que *casualmente* apoyó sin disimulo la candidatura del misógino presidente Donald Trump.

A David Campayo se le ocurrió lanzar un plátano al jugador brasileño Dani Alves en un partido de fútbol entre el Villarreal y el Fútbol Club Barcelona. Era abril de 2014 y a David Campayo se le cayó el pelo. En menos de 48 horas, se enfrentó a una pena de prisión, a una multa, el Villarreal le retiró el carnet de socio de por vida, además de impedirle el acceso tanto a El Madrigal como a las instalaciones de la Ciudad Deportiva, y se quedó sin trabajo.

Fueron medidas ejemplarizantes y tomadas de urgencia. Es decir, desde todas las instancias se envió un mensaje claro: el gesto es deplorable —lo es, sin duda—, y no se puede volver a repetir. Pero, además, la reacción contra la escena racista fue mucho más allá. Alves había cogido la fruta del suelo y le dio un bocado antes de seguir con el partido. Esa fue la imagen que dio la vuelta al mundo, ídolos del deporte y personajes populares comiéndose un plátano como

39. Raquel Osborne, *Apuntes sobre violencia de género*, Edicions Bellaterra, Barcelona, 2009.

símbolo de rechazo al racismo. Todos los gestos —espontáneos o no, luego se supo que ese gran movimiento de repulsa había sido orquestado por una agencia de publicidad— coincidieron además con una campaña contra el racismo emprendida por el mundo del deporte en la que se puede ver y oír frente a la cámara a figuras destacadas mundialmente con un rotundo: ¡No al racismo!

Hasta aquí, nada que objetar. Todo lo contrario. Enfrentar y combatir el racismo es un deber que nos compete a todos los seres humanos sin excepción, máxime a figuras seguidas e incluso idolatradas especialmente por los niños y niñas de medio mundo.

Sin embargo, pocas semanas antes del incidente en el campo del Villarreal, miles de personas (no una, miles) gritaban en el estadio del Espanyol: «Shakira es una puta.» Misoginia y machismo en estado puro. Obviamente, la frase no tenía nada que ver con Shakira. Era, en la concepción patriarcal de que las mujeres son propiedad de sus parejas, una agresión contra su compañero, el jugador del Barça Gerard Piqué. No hace falta explicar todo el sexismo que encierra el hecho, y seguro que tampoco aclarar que parte de quienes esto gritaban eran puteros y no de manera simbólica, como hacían al gritar la frasecita de Shakira, sino puteros reales, de los que se aprovechan de la explotación de mujeres y niñas.

Frente a esta multitudinaria manifestación de misoginia no ha habido reacciones, no se ha cerrado el campo del Espanyol ni ha habido medidas ejemplarizantes. Nada de nada. El mensaje es igual de claro que en el caso de Alves: el gesto deplorable se puede volver a repetir porque no pasa nada. La misoginia es impune.

El caso es que el artículo 3 de los Estatutos de la FIFA dice: «Está prohibida la discriminación de cualquier país, individuo o grupo de personas por su origen étnico, sexo, lenguaje, religión, política o por cualquier otra razón, y es punible con suspensión o exclusión.» ¡Qué oportunidad perdida! Con lo fácil que hubiese sido añadir al compromiso de tanto ídolo tres palabras. Qué sencillo hubiese sido decir: «No al racismo ni al machismo.» Aún peor, si cabe, fue lo ocurrido en el campo del Betis, en febrero de 2015. Hacía poco que se había hecho público que el futbolista Rubén Castro estaba imputado por un presunto delito de violencia de género. La reacción de las gradas fue entonar cánticos que decían: «Rubén Castro ale. No fue tu culpa. Era una puta, lo hiciste bien.» El discurso oficial dice que todos y todas estamos contra la violencia de género.

En la cultura del simulacro, todo el mundo está en contra del machismo, pero miles de personas pueden gritar puta a una mujer y posicionarse a favor de la violencia de género sin que se les mueva una ceja a quienes tienen la obligación de combatirlo.

EL SILENCIO, MANDATO PATRIARCAL
POR EXCELENCIA

«Una invitación al silencio», así define Rebeca Solmit en qué consiste buena parte de la violencia que sufrimos las mujeres, en qué se traduce buena parte de «la guerra a la que se enfrentan casi todas las mujeres cada día» y en la que ella misma se reconoce al asegurar que aún no se ha librado totalmente. El silencio, mandato patriarcal a las mujeres por excelencia. Durante siglos se mantuvo la expresa prohibición de tener conocimiento, leer, escribir, crear, hablar en público. En 1791, Olimpia de Gouges escribía la *Declaración de los derechos de la mujer y de la ciu-*

dadana. En su artículo X la escritora francesa declaraba: «La mujer tiene el derecho a ser llevada al cadalso y, del mismo modo, el derecho a subir a la tribuna...» Y eso fue exactamente lo que le pasó. Olimpia fue guillotinada en 1793, aunque nunca subió a ninguna tribuna, y no porque no lo hubiera intentado. Olimpia no consiguió entrar ni en la Asamblea de París ni siquiera a las de la Comedia Francesa, donde peleó con todas sus fuerzas para que sus obras de teatro fueran representadas sin conseguirlo. Como le dieron con la puerta en las narices a Emilia Pardo Bazán en la Real Academia Española cuando le sobraban méritos para un sillón que reclamó con lucidez: «Que se otorgue al mérito lo que es solo del mérito y no del sexo.» Un mérito que la Academia no reconoció ni siquiera a María Moliner, a la mujer que hizo sola un diccionario. Moliner tenía conocimiento pero no tenía poder, por tanto, ni siquiera a ella se le reconocía la capacidad de conceptualizar.

María Moliner, consciente de las deficiencias del Diccionario de la RAE, fue redactando fichas con anotaciones sobre palabras, hasta que un día decidió hacer «un pequeño diccionario... en dos añitos» y, al final, construyó su *Diccionario de uso del español*, una monumental empresa a la que dedicó quince años de trabajo. «Una académica sin sillón», como diría con acierto una de sus necrológicas. La mujer que, a pesar de su gran modestia, declaró en una entrevista: «mi único mérito es mi diccionario (...) pero si ese diccionario lo hubiera escrito un hombre, diría: "¡Pero y ese hombre, cómo no está en la Academia!"».

María Moliner confesó que fue la necesidad de conceptualizar correctamente «libertad» el motor de entregarse a tan ardua tarea de crear su propio diccionario, porque ella no quería un diccionario cualquiera, quería un diccionario que enmendara la plana al de la Real Academia, con sus prejuicios, *olvidos* y errores. Ella quería un diccionario que pudiese servir «para todos», donde la palabra libertad no fuera mutilada, la palabra dictador no remitiera al «buen gobierno» romano y con el que cualquier persona, fuera cual fuese su formación, pudiera encontrar la puerta que le permitiera entrar en el profundo significado de las palabras para conseguir la exactitud a la hora de trasladar sus pensamientos. Como cuando su médico le comenta extrañado:

«¿Licenciada en Filosofía? No es normal para una mujer de su edad»; y ella responde: «Es muy normal, lo que no es, es muy frecuente.»

Miguel Delibes, hombre también discreto, explicó con mucha elegancia lo ocurrido, a la muerte a María Moliner, «es una lástima que, por esas circunstancias especiales en que se han desenvuelto siempre los temas que rodean a la presencia de mujeres en la Academia, María Moliner no haya podido ocupar un sillón en la entidad».

Esas «circunstancias especiales» son la invitación al silencio, que diría Solmit, la intimidación, la amenaza ante la voz de las mujeres que, según los lugares y los tiempos, pueden ser mortales o puramente anecdóticas.

«Tengo derecho a la educación, a jugar, a cantar, a ir al mercado, a que se escuche mi voz (...). En el mundo las chicas van a la escuela libremente y no hay miedo, pero en Swat cuando vas a la escuela tienes mucho miedo de los talibanes. Ellos nos matarán. Nos lanzarán ácido a la cara. Pueden hacer cualquier cosa», escribía la joven Malala con apenas doce años en su blog, bajo el seudónimo Gul Makay.

Y así fue. El 9 de octubre de 2012, dos talibanes interrumpieron el recorrido de un autobús escolar que viajaba por el valle de Swat en Pakistán y, arma en mano, subieron a su interior para preguntar: «¿Quién es Malala?» Acto seguido comenzaron a disparar contra la joven y sus amigas. Pensaron que habían apagado su voz. Pero Malala logró salir del coma inducido solo unas semanas después en el hospital de Birmingham, Inglaterra, al que fue trasladada para recuperarse de las heridas de las balas. Y su voz resonó con más fuerza aún. «El 9 de octubre de 2012 los talibanes me dispararon en la cabeza. Dispararon también a mis amigos, pensaron que con sus balas nos callarían para siempre, pero fracasaron. De ese silencio surgieron miles de voces, los terroristas pensaron que cambiarían mis objetivos y detendrían mis ambiciones, pero nada ha cambiado en mi vida, excepto esto: la debilidad, el miedo, la desesperanza, murieron para siempre, nacieron la fuerza, el poder y el coraje.» Ésta fue parte del discurso que pronunció el día de su 16 cumpleaños en la sede de Naciones Unidas en Nueva York.

Malala se inscribe en la más antigua tradición feminista, en la primera de las reivindicaciones del movimiento de mujeres: el derecho a la educación. Lo reclamaban Poulain de la Barre y Mary Wollstonecraft; lo exigieron sin cesar las sufragistas, lo fueron consiguiendo las mujeres a lo largo de todo el siglo XX, lo utilizaron contra la barbarie nuestras maestras de la República. Malala vivía en el Pakistán controlado por los talibanes, quizás el mejor lugar del mundo para saber, desde bien niña, que ni el silencio ni la sumisión protegen. Para muchas mujeres en el mundo, aún hoy, alzar la voz les cuesta la vida, pero muchas de ellas, la mayoría, ya estaban muertas. A otras muchas, alzar la voz les supone conseguir la libertad que en silencio parecía imposible de alcanzar. Frivolizar como hace la nueva misoginia con los derechos de las mujeres es una infamia.

Malala, como sus compañeras, era una niña sin futuro. La potencia de su voz, a pesar de haber sido víctima de un brutal intento de asesinato, fue la que le abrió la puerta a la posibilidad de tener una vida propia. Ana Orantes nunca lo consiguió. Fue la voz ignorada, y cuando aquel 4 de diciembre de 1997 se atrevió a hablar, denunciando los cuarenta años de malos tratos que había soportado, apenas duró trece días más. Su ex marido la roció con gasolina y le pegó fuego en el patio de su casa.

Ana Orantes contestó todas las preguntas que le hizo la periodista Irma Soriano en el programa *De tarde en tarde* de Canal Sur. Lo hizo con dignidad, sin una lágrima, sin una duda, sin un titubeo. Lo hizo con valentía. Era su relato de cuarenta años sufriendo maltrato, abuso, desprecio. Ana Orantes lo relató delante de las cámaras pero tuvo que morir para contarlo. Aquella media hora de televisión incomodó a quienes la estaban escuchando. Su hija Raquel lloraba sentada entre el público; la presentadora, se tocaba la cara inquieta; las mujeres que estaban a su lado, se removían perturbadas en sus asientos... Lo relató todo delante de las cámaras, en un programa de televisión, pero realmente tuvo que morir para que la escucharan. Era la voz que no se quería oír. Era la voz que avergonzaba a una sociedad que no quería saber.

Ese pacto de silencio forjado sobre el miedo de ellas, la violencia de ellos y la indiferencia de la mayoría, había conseguido normalizar la tortura cotidiana que soportaban miles de mujeres. Su asesinato conmocionó a la opinión pública y provocó una revolución legislativa que comenzó con la reforma del Código Penal y culminó con la aprobación por unanimidad, en diciembre de 2004, de la Ley Integral contra la violencia de género. Justo un mes antes de aprobarse la ley, José Parejo, el ex marido de Ana Orantes, fallecía de un infarto en la prisión de Albolote donde cumplía 17 años de condena por asesinato.

Me lo contó su hija Raquel. Ana Orantes siempre quiso escribir un libro. Quería advertir a otras mujeres, quería levantar la voz para que no aguantasen como ella, cuarenta años... toda una vida. Ana se casó con diecinueve, soportó cuarenta de tortura y falleció con sesenta. No tuvo tiempo de escribirlo en un libro, solo de aparecer en un programa de televisión. La potente voz de esta mujer valiente despertó a una sociedad indiferente a la violencia de género. Han pasado veinte años pero no nos podemos permitir olvidarla.

Cuando la violencia patriarcal no es tan explícita, en las culturas del simulacro y la nueva misoginia, *la invitación al silencio* es más sutil pero persistente. Es el *mansplaining*, la cascada de insultos en las redes sociales, el *mobbing*, el matonismo verbal de algunos articulistas que pretenden disfrutar aún de patente de corso, la sensación de ser invisible en según qué reuniones, el murmullo que impide hablar en las asambleas, el tan castizo ¡vete a fregar![40]

Cuando publiqué el libro *Feminismo para principiantes* trabajaba en la revista *Interviú*, probablemente el sitio más inadecuado para una feminista. En aquellos años, era una joven reportera que con la fuerza, la audacia y el punto de ingenuidad que da la juventud, pensaba que también podía ser, probablemente, el sitio más adecuado para hacer

40. La Fiscalía General del Estado, en la Memoria de 2016, advierte textualmente sobre lo que denomina violencia de género digital como un aspecto que se había ido apuntando años anteriores y que en 2015 se ha manifestado de forma evidente, especialmente entre adolescentes y jóvenes, pues señala textualmente la Fiscalía: «Las redes sociales constituyen el principal medio de comunicación entre ellos y este instrumento también es muy útil para controlar, vigilar, presionar o desprestigiar a una persona, aprovechando además el anonimato y la gran repercusión que la red tiene.»

reportajes. A los pocos días de haber presentado el libro, llegué a mi mesa y al abrir el primer cajón me encontré con un delantal —regalo de mis compañeros, probablemente—. Aún lo conservo, por si algún día se me olvida la sutileza del patriarcado.

HACER COMO SI NO...

En la cultura del simulacro, el velo de la igualdad —la teoría que defiende que hombres y mujeres tenemos los mismos derechos y vivimos en las mismas realidades, que los objetivos ya están conseguidos y el patriarcado ha muerto— es tan tupido como el velo del silencio. Este último se traduce en imposición para las mujeres y en ceguera de género para la mayoría de los hombres.

La ceguera de género provoca la invisibilización tanto de la historia de las mujeres como de las mujeres en la historia; tanto del sujeto político mujer como de las mujeres como sujetos políticos. El velo de la igualdad pretende legitimar el patriarcado y, por lo tanto, deslegitimar la lucha por la igualdad. El velo del silencio deslegitima aún más, puesto que niega la desigualdad por omisión. Con el mecanismo de hacer *como si no* existieran las mujeres, se legisla, se argumenta, se escriben informes, libros, análisis... hasta se animan revoluciones.

¡Indignaos!, de Stèphane Hessel, ha sido la música de fondo de todas las recientes primaveras, de todos los movimientos de indignación más o menos espontáneos, más o menos organizados que en los últimos años han recorrido las plazas de medio mundo.[41]

41. Stèphane Hessel, *¡Indignaos!*, Destino, Barcelona, 2011.

El librito se publicó en Francia en 2010, y en España, con prólogo de José Luis Sampedro, en 2011. En un panfleto de 50 páginas, Hessel resumió los principios que nos estábamos jugando, puso pasión para convertirlo en un alegato contra la indiferencia y a favor de la insurrección pacífica y, sobre todo, dio legitimidad ética y política a un movimiento que, por la juventud de buena parte de sus miembros y sus proclamas y estética antisistema, despertaban desprecio o desconfianza en algunos sectores sociales y algunos medios de comunicación, eran los *perroflautas* de Esperanza Aguirre.

Tras el libro de Hessel, solo ella quedó en evidencia por el desprecio con el que había tratado a todo un movimiento que exigía cambios más que necesarios y que Hessel había hecho heredero de la mejor tradición de las libertades de la vieja Europa. Hessel pedía a los jóvenes de todo el mundo que se rebelaran contra la injusticia y actuaran.

Para hacer su apelación, Hessel recordaba sus propias luchas e indignaciones: la invasión de las tropas fascistas, su afiliación a la Resistencia francesa, cómo es apresado por la Gestapo y escapa de la muerte fugándose del campo de concentración de Buchenwald y cómo rehace su vida, tras la guerra, formando parte del equipo redactor de la Declaración Universal de los Derechos Humanos de Naciones Unidas.

Por último, para convencer de la necesidad de un movimiento indignado, señalaba las causas, lo que iba mal, lo que era necesario y urgente cambiar: los paraísos fiscales, la impunidad de los financieros que causaron la crisis, que el dinero y sus dueños tengan más poder que los gobiernos. Pedía la resistencia contra la dictadura de los mercados pero también contra el peligro totalitario, contra una Europa que recela de los inmigrantes, que coloca la categoría de sin papeles, que pone en riesgo la jubilación, la Seguridad Social. Pedía una prensa independiente y una educación pública sin exclusiones... Hessel pedía acción frente a la injusticia porque aseguraba que la peor actitud es la indiferencia.

Ni una sola línea sobre la desigualdad entre hombres y mujeres, ni una sola palabra sobre la violencia de género. Para Hessel, el patriarcado, con toda la injusticia, asesinatos y abusos que provoca, no era motivo de indignación ni de movilización.

Byung-Chul Han, el autor de referencia de los últimos años, considerado como una de las voces filosóficas más innovadoras y potentes, alcanzó un gran reconocimiento con su tesis sobre la sociedad del cansancio.[42] Han reflexiona sobre las características de la sociedad actual y sostiene que con el fin de aumentar la productividad, se ha sustituido el paradigma disciplinario por el del rendimiento, por el esquema positivo del poder hacer. «El sujeto de rendimiento es más rápido y más productivo que el de obediencia», afirma Han.

Explica el filósofo que «el sujeto de rendimiento está libre de un dominio externo que lo obligue a trabajar o incluso lo explote. Es dueño y soberano de sí mismo. De esta manera, no está sometido a nadie, mejor dicho, solo a sí mismo. En este sentido, se diferencia del sujeto de obediencia. La supresión de un dominio externo no conduce hacia la libertad; más bien hace que libertad y coacción coincidan. Así, el sujeto de rendimiento se abandona a la *libertad obligada* o a la *libre obligación* de maximizar el rendimiento. El exceso de trabajo y rendimiento se agudiza y se convierte

42. Byung-Chul Han, *La sociedad del cansancio*, Herder, Barcelona, 2012.

en autoexplotación. Ésta es mucho más eficaz que la explotación por otros, pues va acompañada de un sentimiento de libertad. El explotador es al mismo tiempo el explotado».

A las interesantes tesis de Han solo les falta *un pequeño detalle*, las mujeres. Reflexiona y describe las características de la nueva sociedad, la sociedad del cansancio, con un análisis aparentemente neutro, pero que solo es masculino puesto que elude de él todo el mundo de los cuidados de los que se encargan mayoritariamente las mujeres. A la sociedad de la autoexigencia hay que sumar la obligatoriedad de cuidar. Quizás una pueda elegir entre aceptar un puesto de mayor responsabilidad (con más horas de trabajo y mejor sueldo) o no. Pero lo que no se puede elegir de ninguna manera es dar de comer o no a tu hija, recoger a tu hijo del colegio, hacer una cura a tu madre lesionada por una mala caída o dar el medicamento a la hora correspondiente a tu padre enfermo.

Los cuidados son obligación, no se pueden hacer o no, pero, además, tienen hora fija. No puedes ir a recoger a tu hijo dos horas después de que se cierre la puerta del colegio. Los cuidados no se eligen. ¿Sociedad del cansancio? Sin duda, para las mujeres sí, pero no por pertenecer a la sociedad de la autoexigencia de éxito, sino por sumarle también la obligación de los cuidados, por estar en las dos simultáneamente.

Explica Zygmunt Bauman que la convivencia con «los otros» ha sido un problema continuo de la sociedad occidental.[43] Para el sociólogo, las principales estrategias utilizadas han sido tres. La separación del otro excluyéndole (estrategia émica), la asimilación del otro despojándole de su

43. Zygmunt Bauman, *Tiempos líquidos*, Tusquets, Barcelona, 2007.

otredad (estrategia fágica) y la invisibilización del otro que desaparece del mapa mental. Es fácil darse cuenta de que con las mujeres, con «las otras», que diría Simone de Beauvoir, se han utilizado las tres.

JUSTICIA SIMBÓLICA

Frente a la cultura del simulacro se impone la necesidad de encontrar justicia simbólica. Una joven estudiante me preguntaba en Porto Alegre, ¿dónde está la voz de las mujeres? Fue al término de una conferencia organizada por el Sindicato de Periodistas de la ciudad. Acabábamos un debate sobre la situación de los medios de comunicación, de su capacidad de crítica, su relación con el poder y su papel a la hora de mostrar el mundo, el mundo al completo, no solo una parte, la masculina. Cuando comenzó el turno de preguntas, ella compartió su preocupación: «¿Cómo contestamos a líderes tanto de derechas como de izquierdas que mientras hablan de justicia y revolución rechazan los derechos de las mujeres?» Y recordaba, a modo de ejemplo, cuando en octubre de 2013 el presidente de Ecuador, Rafael Correa, tras proclamar la «revolución ciudadana» amenazó con dimitir si el Parlamento aprobaba la interrupción del embarazo, incluso en casos de violación.

Yo me hago la misma pregunta: ¿Qué hacemos con tanto genio, tanto sabio, tanto revolucionario que consigue el aplauso social mientras pisotea los derechos de las mujeres? ¿Cerramos los ojos y les seguimos aplaudiendo, sin peros, sin críticas? ¿Les perdonamos todo? Desde luego que no.

García Márquez fue un genio de la literatura, un maestro del reportaje y un artista de la palabra, pero eso no le hacía un gran hombre, sí un gran, enorme, escritor. Su dimensión humana y su talla literaria pudieron estar separadas hasta la aparición de *Memoria de mis putas tristes*, apología de la violación, la misoginia y la violencia contra las mujeres que recibió el mismo aplauso de los *caballeros del canon* que sus magníficas obras anteriores.[44]

Ahí, el genio resbaló. Desde el comienzo: «El año de mis noventa años quise regalarme una noche de amor loco con una adolescente virgen», hasta las últimas palabras del libro: «Ay, mi sabio triste (...). Esa pobre criatura está lela de amor por ti.» Al librito en cuestión no le falta detalle: todas las mujeres son malas y/o putas salvo la madre del protagonista, un ángel, por supuesto; todas las mujeres a su disposición sexual, incluidas las niñas —pobres, eso sí—, porque las que no lo están pueden ser violadas y, después, también prostituidas. Ellas no hablan, la adolescente Delgadina tenía catorce años y se mantuvo muda mientras el viejo protagonista de la narración satisface los caprichos del deseo. El juego es fácil: un señorito rico y muy culto, por supuesto, indefenso ante un mundo lleno de perversas mujeres —a Damiana la violó entre página y página de *La lozana andaluza*, ella trabajaba en la casa, descalza para no molestar, mientras él leía tumbado en una hamaca.

Apenas tres años después de publicarse *Memoria de mis putas tristes*, Mercedes Beroiz escribió *El llanto de los caracoles*.[45] Mercedes hizo realidad el deseo de quienes, admiradores hasta ese momento de la literatura de García Márquez, sentíamos la necesidad de dar voz a Delgadina porque las *Delgadinas* existen y se cuentan a millones en

44. Gabriel García Márquez, *Memoria de mis putas tristes*, Mondadori, Barcelona, 2004.
45. Mercedes Beroiz, *El llanto de los caracoles*, Caballo de Troya, Barcelona, 2007.

Latinoamérica y en medio mundo. «Si los muros de una ciudad están marcados por los sin voz, en algún sitio debería estar la voz de las mujeres. ¿Dónde estarán las voces de las mujeres?», escribe Beroiz.

Como señaló Nancy Fraser, en el mundo no existe solo la injusticia económica, que contribuye al sometimiento de las mujeres, sino también la simbólica.[46] La dominación cultural reemplaza a la explotación como injusticia fundamental. Eso significa que la justicia requiere, a la vez, redistribución y reconocimiento.

Lolita no es una historia de amor. El argumento de la obra de Nabokov nos presenta como protagonista a un profesor de literatura francesa con obsesión sexual por las muchachas. Cuando deja Europa y se traslada a Estados Unidos, se instala en una habitación de alquiler tras ver a Dolores, la hija de la dueña, que tan solo tiene doce años. El profesor se *enamora* de Dolores, y la llama Lolita. Al poco tiempo, se casa con la madre de Lolita solo para estar cerca de la chiquilla. Un día, la esposa encuentra el diario de su nuevo marido, lleno de confesiones de su obsesión con su propia hija. Sale de casa rápidamente y muere atropellada. El profesor se queda entonces solo a cargo de la niña con quien mantiene relaciones sexuales durante dos años hasta que ella, al fin, se escapa. La novela termina con una Lolita de 17 años, casada, embarazada y pobre que recurre al profesor para que le ayude económicamente. Él acude a socorrerla y le dice que aún la desea y quiere que deje a su marido. Lolita dice no.

Lolita, una niña secuestrada y violada entre los 12 y los 14 años, ha quedado en el imaginario colectivo como una

46. Nancy Fraser, *Reflexiones críticas desde la posición postsocialista*, Siglo del Hombre Editores, Santafé de Bogotá, 1997.

nínfula seductora de hombres indefensos que caen en sus redes. Pero también ha tomado, por fin, la palabra. Lola López Mondéjar se la ha dado en *Cada noche, cada noche*, presentándonos a una niña observadora y reflexiva, con ganas de aprender, inocente, que señala la ceguera cultural que nos ha impedido verla antes.[47] Donde *los señores del canon* decían que Lolita es una historia de amor, Lola López Mondéjar deja claro desde el principio que se trata de una historia de secuestro y violación, que siempre ha estado en el texto, pero que la ceguera patriarcal nos había impedido verlo. De hecho, el título de la novela de Mondéjar es una frase de la *Lolita* de Nabokov: «... y sus sollozos en la noche —cada noche, cada noche— no bien me fingía dormido». Un Nabokov que escribía «Recuerda que es solo una niña, recuerda que es solo una niña.» A lo que Mondéjar reflexiona: «No conozco a los hombres, ¿quiénes son?, ¿de qué opacos materiales están hechos?, ¿qué suerte de sexualidad incontinente e imperiosa les anima? Y, sobre todo, ¿cómo se atreven, cómo se atreven?»

Lolita no es una historia de amor y Don Juan Tenorio no es un héroe, por mucho que insistentemente lo desempolven todos los años *los salomoncitos académicos*. Ante tanto esfuerzo en mantener un canon misógino que alimente un imaginario colectivo que realmente es un imaginario patriarcal, Blanca Portillo se decidió, en noviembre de 2014, a dirigir su propia versión, una adaptación de la obra de José Zorrilla realizada por Juan Mayorga. Explica Portillo las razones de este trabajo: «La imagen de Tenorio me acompaña desde hace años. Nunca he podido entender cómo un personaje así se ha convertido en un mito, en un icono aban-

47. Lola López Mondéjar, *Cada noche, cada noche*, Siruela, Madrid, 2016.

derado de la libertad y la transgresión, la representación del seductor de mujeres como valor en sí mismo... Hoy siento la necesidad de subir al escenario a este personaje, tantas veces representado y, creo, tan pocas veces entendido. Subirle al escenario y radiografiar sus comportamientos, sus acciones, sus palabras, para mostrar lo que siempre he sentido que existía tras ellas: un modelo de destrucción, de falta de empatía, de crueldad, de desprecio por la vida propia y ajena, de incapacidad para construir... Más allá de la época en que Zorrilla crea el personaje y más allá del tiempo en el que el autor coloca la acción de su obra, Tenorio es un ser humano que sigue latente en el inconsciente de esta sociedad, de la nuestra. Tenorio no es un héroe. Es alguien que huye de su propio vacío, llevándose por delante todo aquello que se cruce en su camino. No es un luchador en busca de un mundo mejor, de un cambio en el sistema, no es un buscador de belleza. Tenorio es hoy el vivo retrato del desprecio por los demás. (...) Yo creo profundamente en el respeto por los demás. En valores morales y éticos que Tenorio destruye sistemáticamente. Creo que ya va siendo hora de que alguien llame a Tenorio por su nombre.»

LA CULTURA DEL MENOSPRECIO

El desprecio. Tal como lo subraya Portillo, forma parte de la cultura del menosprecio. Cuando Fraser explica la injusticia simbólica señala que está arraigada en los patrones sociales de representación, interpretación y comunicación, y añade que los ejemplos de este tipo de injusticia incluyen la dominación cultural, el no reconocimiento y el irrespeto. Es decir, estar sujeto a patrones de interpretación y comunicación hostiles a los propios, hacerse invisible y ser calumniado o menospreciado habitualmente en las representaciones culturales públicas estereotipadas o en las interacciones cotidianas.

Como señala Miguel Lorente, la violencia de género, desde el punto de vista de la construcción de la identidad de las mujeres, de forma general, siguiendo los conceptos de la filosofía y la psicología social, debe ser entendida como un «menosprecio o denegación de reconocimiento». De manera que la violencia del menosprecio lleva a la falta del reconocimiento. En estas circunstancias es cuando se produce la violencia de género individual que ataca directamente a las mujeres que la sufren, dando lugar a una percepción negativa de su identidad y de su situación, circunstancia que se agrava por la ausencia de una respuesta proporcional por parte de la sociedad ante la agresión e injusticia que están sufriendo, que busca la justificación, la minimización o la contextualización, antes que enfrentarse a la realidad social de la desigualdad y la violencia. Por ello, la violencia de género ha sido un instrumento fundamental en la construcción de la desigualdad de la cultura patriarcal y su perpetuación a lo largo del tiempo. No es una consecuencia de la desigualdad, sino un elemento esencial para levantar la estructura sobre la que edificar la sociedad.[48]

Es así cómo la violencia de género —añade Lorente—, con la consecuente desposesión de derechos (formales o reales) y de exclusión y discriminación social, no solo actúa por medio de la limitación violenta de la autonomía personal, sino que lo hace a través de su conexión con el sentimiento de no poseer un estatus como sujeto de interac-

48. Miguel Lorente, «¡Me alegro de reconocerte! Juventud, identidad y violencia de género», *Revista de Estudios de Juventud*, n.º 86, 2009, pp. 23-24.

ción moralmente igual y plenamente valioso. Esto da lugar a una lesión en las expectativas de ser reconocida en tanto que sujeto capaz de formación de juicios morales, puesto que no se produce el reconocimiento social, que parte de la violencia y favorece la violencia.

Es decir, como en un bucle perverso, la violencia de género es la máxima expresión de desigualdad entre mujeres y hombres, es la consecuencia de esa desigualdad pero, al mismo tiempo, es gracias a la violencia (en todas sus formas, incluida la simbólica) por lo que se mantienen las profundas diferencias entre mujeres y hombres. La sumisión histórica de las mujeres nunca se habría conseguido sin el uso continuado de la violencia, especialmente frente a las mujeres que alzan su voz (desde la quema de brujas a Malala, desde Olimpia de Gouges a Ana Orantes).

La violencia es, en la mayoría de los casos, un mecanismo de respuesta ante un conflicto determinado. Y para el patriarcado no hay conflicto mayor que la pretensión de autonomía de las mujeres.

Así llegamos al siglo XXI con una profunda desigualdad y con el patriarcado gozando de muy buena salud. Por un lado, la desigualdad es el caldo de cultivo de la violencia. Es decir, para que se dé una conducta violenta tiene que existir, como condición indispensable, un cierto desequilibrio de poder —desigualdad—. Y por otro, es precisamente la violencia la que consigue que aún hoy, en las democracias del siglo XXI, si bien se ha conseguido la igualdad formal, la igualdad real sea aún una utopía. La igualdad es la única medicina preventiva para la violencia de género.

De la cultura del menosprecio a la cultura de la violación solo hay un paso.

LA CULTURA DE LA VIOLACIÓN

Ocurrió en la Universidad de Ohio, en Estados Unidos. Una joven en aparente estado de embriaguez es asaltada por un hombre que aprovecha su situación para violarla. Mientras, dos jóvenes graban la violación y la tuitean en vez de ayudar a la muchacha. En las imágenes, también se podía comprobar cómo al menos otras diez personas estaban siendo testigos de la barbarie sin intervenir.

Uno de los tuiteros se llama Vance Blanc, tiene 19 años, y además de tuitear las fotos les añadió comentarios jocosos como: «Fue divertido mientras duró», «Oh dios, ja, ja»... Las imágenes no tardaron en convertirse en virales. La chica que aparece en las fotos no tenía ni idea de lo que le pasó hasta la mañana siguiente cuando las vio colgadas en la Red. También al día siguiente, Vance Blanc pedía disculpas por su actitud «inmadura».

Calificar esta suma de delitos de actitud «inmadura» solo es posible en la cultura de la violación en la que vivimos. No lo digo en sentido figurado. La cultura de la violación, acuñado como concepto en los años setenta, vincula la violación y la violencia sexual a la cultura de una sociedad en la que lo habitual es normalizar, excusar, tolerar e incluso perdonar la violación y, al mismo tiempo, culpabilizar a la víctima. A pesar de ser un término relativamente reciente, la cultura de la violación está tan arraigada en la sociedad que casi es imperceptible. A fuerza de ser *tan normal*, se ha hecho invisible.

De hecho, para acabar con la violencia sexual, el patriarcado solo tiene un mandato. Tan popularizado, que incluso el Ministerio de Interior llegó a colgarlo en su página web en 2014, con Jorge Fernández Díaz como ministro.

Recomendaciones de Interior:

No haga autostop ni recoja en su coche a desconocidos.

Por la noche, evite las paradas solitarias de autobuses. Si el autobús no está muy concurrido, procure sentarse cerca del conductor.

No pasee por descampados ni calles solitarias, sobre todo de noche, ni sola ni acompañada.

Si se ve obligada a transitar habitualmente por zonas oscuras y solitarias, procure cambiar su itinerario. En otros países se utilizan silbatos para ahuyentar al delincuente. Considere la posibilidad de adquirir uno.

Evite permanecer de noche en un vehículo estacionado en descampados, parques, extrarradios, etc.

Antes de aparcar su vehículo mire a su alrededor, por si percibiera la presencia de personas sospechosas. Haga lo mismo cuando se disponga a utilizar su coche. Antes de entrar, observe su interior. Podría encontrarse algún intruso agazapado en la parte trasera.

Si vive usted sola, no ponga su nombre de pila en el buzón de correos, solo la inicial. Observe con especial atención las recomendaciones que se hacen en el capítulo dedicado a la vivienda. Eche las cortinas al anochecer para evitar miradas indiscretas. Tenga encendidas las luces de dos o más habitaciones para aparentar la presencia de dos o más personas en el domicilio.

Evite entrar en el ascensor cuando esté ocupado por un extraño, especialmente en edificios de apartamentos. De cualquier modo, sitúese lo más cerca posible del pulsador de alarma.

Ante un intento de violación, trate de huir y pedir socorro. Si no puede escapar, procure entablar conversación con el presunto violador con objeto de disuadirle y ganar tiempo en espera de una circunstancia que pueda favorecer la llegada de auxilio o permitir su huida. Todo ello, mientras observa los rasgos físicos de su agresor, en la medida de lo posible.

Pretender acabar con la violencia sexual limitando la libertad de las mujeres es exactamente igual que echar gasolina al fuego. Lo que nos protege es la igualdad de derechos, no la sumisión. Es precisamente donde las mujeres tenemos más derechos, donde disfrutamos de mayor seguridad y menor riesgo de agresión —¿son ni siquiera comparables los índices de violencia contra las mujeres en países como Suecia y Afganistán, por ejemplo?—. La solución no es que las mujeres nos «acomodemos» a la violencia limitando nuestra forma de vestir, evitando salir solas, especialmente por la noche; limitando el horario, especialmente por la noche; limitando nuestras compañías; limitando... nuestras vidas, en definitiva. La solución pasa por asentar derechos. El silencio, la sumisión y el miedo no protegen.

Pero, además, con este mensaje también se está diciendo a la sociedad que la responsabilidad de no ser agredidas recae en nosotras mismas. Es decir, esa idea extiende el concepto de que somos culpables hasta que se demuestre lo contrario.

Frente a tanta estupidez, en las redes se ha hecho viral el texto *Ten Top Tips to End Rape*, que en España ha popularizado la Asociación de Mujeres Politólogas. Aquí están sus 10 Consejos Básicos Anti-violación:

1. No pongas drogas en las bebidas de las mujeres.
2. Si ves a una mujer caminando sola por la calle, déjala tranquila.

3. Si te detienes para ayudar a una mujer cuyo automóvil se ha averiado, recuerda no violarla.

4. Si estás en un ascensor y una mujer entra, no la violes.

5. Nunca te cueles en casa de una mujer por una ventana o puerta sin pestillo. No la asaltes en el párking. No la violes.

6. ¡Pide ayuda a tus amigos! Si eres incapaz de abstenerte de agredir personas, pide a un amigo que te acompañe cuando estés en lugares públicos.

7. No lo olvides: No es sexo si lo haces con alguien dormido o inconsciente, ¡es violación!

8. Lleva contigo un silbato si te preocupa que puedas atacar a alguien «por accidente». Puedes entregárselo a la persona con la que estés para que pida ayuda.

9. No lo olvides: la honestidad es la mejor política. Si tienes la intención de tener sexo más tarde con tu cita, independientemente de lo que ella quiera, dile directamente que existe una gran posibilidad de que la violes. Si no comunicas tus intenciones, ella podría tomarlo como una señal de que no planeas violarla e, inadvertidamente, sentirse a salvo.

10. No violes.

Durante los años ochenta y noventa, el violador del ascensor sembró el pánico en Valladolid. Cuando al fin se le detuvo y juzgó, fue condenado a 273 años de cárcel por 18 delitos sexuales y dos asesinatos, los de las jóvenes Leticia Lebrato y Marta Obregón. El miedo no se circunscribió a Valladolid, en todo el país las mujeres vivíamos con aprensión, cada noche, el momento de entrar en el portal de nuestras casas. Un miedo real creado por la violencia del agresor y por su modo de operar y asaltar a las víctimas. Un miedo tan potente que cuando el 14 de noviembre de 2013, Pedro Luis Gallego, el violador del ascensor, quedó en libertad gracias a la anulación de la doctrina Parot y tras haber cumplido 21 años de condena, el pánico volvió a Valladolid. Las crónicas periodísticas que en noviembre relataban la puesta en libertad de Gallego hablaban de que había salido de la cárcel embozado, impenitente y con la misma actitud chulesca de siempre.

Una de sus víctimas hablaba de terror actual, no pasado, porque hace dos décadas, cuando fue violada durante media hora en el portal de su casa, Pedro Luis Gallego se encargó de aterrorizarla de por vida: «Puedo ir a la cárcel, pero tarde o temprano saldré», le dijo mientras le robaba el bolso donde llevaba su DNI. El padre de Leticia Lebrato también recordaba su dolor al rescatar de la memoria la tarde del 19 de julio de 1992, cuando Gallego asesinó a su hija, que solo tenía 17 años, asestándole 11 puñaladas por resistirse con todas sus fuerzas a la violación. Las mismas crónicas señalaban que, ante la salida de la cárcel de Gallego, las ventas de silbatos y espráis autodefensa se habían disparado en la ciudad, que las mujeres y las jóvenes optaban por los métodos de autoprotección ante la libertad del violador del ascensor.

En septiembre, el alcalde de Valladolid, Francisco Javier León de la Riva, se disculpó en el primer Pleno tras las vacaciones de verano por lo que consideró «desafortunadas declaraciones», refiriéndose a las afirmaciones que había hecho en agosto (de 2014). Ante un caso de violación en la ciudad, el alcalde declaró que le daba «cierto reparo» entrar en un ascensor según con quién: «Entras en un ascensor, hay una chica con ganas de buscarte las vueltas, se arranca el sujetador y sale dando gritos de que le han intentado agredir.»

Con una justicia menos ciega, las declaraciones del alcalde serían consideradas como apología de la violencia, en ningún caso «desafortunadas declaraciones». El violador del ascensor sembró el pánico real. El alcalde del ascensor sembró el pánico simbólico. El miedo ante una agresión sexual va seguido del miedo de la víctima a que no la crean. Es la doble victimización. Es la causa de que la mayoría de las agresiones sexuales no se denuncien. Es el motivo de la impunidad de los agresores sexuales y violadores. El alcalde de Valladolid podía haber utilizado otro ejemplo, pero, casualmente, el regidor de la ciudad donde el violador del ascensor vivía utilizó ése, precisamente ése, el ascensor, como el lugar adecuado para una denuncia falsa. Simbólicamente no se puede ser más eficaz: las mujeres mienten incluso en uno de los lugares asociados en el imaginario colectivo al terror.

León de la Riva alimentó, una vez más, porque es reincidente en sus agresiones verbales, la cultura de la violación. Ésta se nutre de culpabilizar a las mujeres de los delitos que sufren, especialmente de los delitos sexuales (habrá tonteado, habría bebido, iría sola por la noche, vestiría demasiado sexy...) y coloca en ellas la responsabilidad de su autoprotección. El alcalde hizo las tres afirmaciones. La primera, la de su miedo ante una denuncia falsa simplemente por ir en un ascensor con una mujer; la segunda, recordar a las mujeres que no son libres: «A veces, a las seis de la mañana, una mujer joven tiene que cuidar por dónde va», dijo; y la tercera, la de la autoprotección, puesto que los poderes públicos no parecen tener la obligación de proteger a las mujeres: «El ayuntamiento no puede poner a un policía en cada parque de la ciudad.»

León de la Riva hace esas declaraciones porque puede, porque sabe que son impunes, porque las resistencias a la igualdad están bien instaladas en el sistema judicial. Cruz Sánchez de Lara y Enriqueta Chicano recogen en su libro sobre los aspectos penales del acoso sexual buena parte de las vergonzosas respuestas —desde un punto de vista democrático—, que numerosos penalistas de prestigio dieron en 1995, cuando el Código Penal español introdujo por primera vez en su articulado el acoso sexual.[49]

Así, recogen parte del prólogo que escribió el conocido penalista Manuel Cobo del Rosal al libro *El acoso sexual*, y que son de este tenor:

«Quizá sin desearlo, ni siquiera planteárselo, el legislador penal ha dado pie, en este concreto caso, para destrozar la total virtualidad condenatoria del mero testimonio de la víctima al exigir determinadas connotaciones objetivas y objetivables que han de ser captadas por testigos o peritos, e incluso documentalmente, pero que es absolutamente necesario para poder afirmar, de forma integral, el tipo de injusto que no queda en manos de la pretendida víctima, porque conviene recordar, por la experiencia profesional, que la pretendida víctima no es más que eso en muchos casos, pretendida, pues se trata de una vulgar operación de chantaje que utiliza la ley y a la misma Administración de Justicia como instrumentos para conseguir una cantidad de dinero, sin importarle en absoluto la inocencia del presunto sujeto activo, ni la destrucción de su imagen y tranquilidad y paz, que puede quedar maltrecha por un vi-

---

49. Cruz Sánchez de Lara y Enriqueta Chicano, *Del acoso sexual. Aspectos penales*, Editorial Aranzadi, Navarra, 2010.

tuperable proceso penal en el que solo va a ser tenida como prueba de cargo suficiente la mera y envilecida declaración de la vindicativa víctima.»

Obviamente, para Cobo del Rosal, la mayoría de las mujeres que denuncian acoso sexual mienten y chantajean. Pero Sánchez de Lara y Chicano rescatan aún más argumentaciones del mismo tono del conocido criminalista: «Todo lo que pide la sociedad no puede ser transcrito con letras de imprenta en nuestros Códigos punitivos, pues si se legislase de esa forma nos encontraríamos con una especie de justicia nacional-socialista, en la que el denostado *sano sentimiento popular* decide lo que es delito y lo que no lo es. Y es que un Derecho Penal en el que rija el apotegma de que *salus populi suprema lex est*, conduce por derroteros cuando menos demagógicos y peligrosamente *nazistoides.*» Parece bastante evidente que la ocurrencia de la palabra *feminazi* tiene orígenes poderosos y mucho más peligrosos que los vocingleros troles que insistentemente la repiten.

Hace casi veinte años, podíamos leer en España sentencias como éstas dos:

> No puede considerarse como «particularmente vejatoria o degradante» la conducta de un violador que amordazó a su víctima, la amenazó con un cuchillo y la penetró vaginal y bucalmente, porque posteriormente le ofreció un vaso de agua.

Sentencia de la Audiencia de Pontevedra dictada en el mes de junio de 2000.
El Tribunal Superior de Justicia de Cataluña rebajó de 22 a 15 años de prisión la pena a un hombre que pateó, estranguló y descuartizó a su compañera por entender que

no hubo ensañamiento. El alto tribunal también rebajó la pena al acusado porque tampoco apreció la existencia de alevosía ni el agravante de parentesco pues, pese a vivir bajo el mismo techo, ya no había relación afectiva entre la pareja. En este crimen fue necesario reconstruir por ordenador el rostro de Esperanza Villena, de 38 años, cuya cabeza fue hallada en un descampado de Sabadell, para poder identificarla. La pareja convivía desde 1996 y Esperanza había denunciado en varias ocasiones a su compañero por las palizas de éste y por el incumplimiento de las órdenes del juzgado de no acercarse a su domicilio. La sentencia es de mayo de 2000.

Hoy, esas sentencias son inimaginables. Sin embargo, la respuesta judicial continúa siendo insuficiente, cada año más insuficiente, a pesar de que insistentemente se reclama a las mujeres que denuncien. Pero, cuando lo hacen, no se cree en su palabra, se convierten en sospechosas y víctimas de deshonra social.

La brecha entre el discurso oficial, que repite la importancia de que las mujeres víctimas denuncien, y la respuesta que éstas encuentran en los juzgados es cada día mayor. La justicia negada supone un maltrato añadido para muchas mujeres y la pérdida de confianza en el sistema judicial. Y esto es precisamente lo que desean sus agresores. Cada archivo o absolución refuerza a los maltratadores, aumenta la impunidad. A pesar de la banalización de la violencia simbólica y lo gracioso que les parece a algunos insultar, desprestigiar o inventarse términos tan «divertidos» como *feminazi*, lo cierto es que la credibilidad es una herramienta de supervivencia. A muchas mujeres, la falta de credibilidad les cuesta la vida, en sentido literal.

Se hace mucho hincapié en las víctimas que no habían denunciado con el argumento de que «el sistema no puede protegerlas» —que en el fondo no es más que una forma de culpabilizarlas y hacerlas responsables de la violencia que sufren—, pero ¿y las que sí lo hicieron?, ¿qué respuesta obtuvieron? De las 65 mujeres asesinadas en 2011, dieciséis habían presentado denuncia. Ésta es la respuesta judicial que obtuvieron algunas de ellas según la Memoria de la Fiscalía de Violencia de Género de aquel año.

SMGA, asesinada en Málaga el 15 de febrero de 2011. Había convivido cinco años con el asesino y habían tenido una hija en común. Se separaron en abril de 2010. En julio, tres meses después de la separación, él fue condenado por dos delitos de amenazas y uno de maltrato. La condena se suspendió y, en su lugar, el 8 de noviembre se aprobó un curso de igualdad. La pena de alejamiento se encontraba en vigor. La asesinó en la vía pública con un hacha.

IDR, asesinada el 27 de diciembre de 2011. El 13 de abril de 2009 el asesino había sido condenado por malos tratos. Posteriormente fue absuelto por sentencia de la Audiencia Provincial en junio de 2010. Le asestó 15 puñaladas.

PAV fue asesinada el 25 de marzo de 2011. Matrimonio en trámites de separación. El asesino había sido condenado en tres ocasiones; sin embargo, las penas de alejamiento se encontraban canceladas y la que estaba en vigor era una pena de aproximación al agresor que recaía sobre la víctima, condenada por sentencia del 17 de marzo de 2010 a tres años de alejamiento. Le cortó el cuello y la golpeó con un martillo.

Centenares de mujeres acuden a poner una denuncia y salen denunciadas. El caso de PAV es paradigmático. Todas las penas de alejamiento del agresor estaban canceladas, era ella la que tenía una pena de alejamiento por tres años, una pena de alejamiento del hombre que acabó con su vida cortándole el cuello.

Los datos oficiales (a 25 de agosto de 2016) mostraban que de los 30 asesinatos confirmados ese año, 13 mujeres habían presentado denuncia. Es decir, el 43,3% de las mujeres asesinadas a lo largo del año habían pedido ayuda y el sistema no las protegió. Era la cifra más alta desde que tenemos datos estadísticos y el doble que en 2015.

En todas las clases de historia del feminismo o de políticas de igualdad, me encuentro con la misma situación. La impotencia que me transmiten las alumnas para conseguir explicar, convencer. Quieren argumentos para poder rebatir a quienes con total desdén les dicen que las cifras de las que hablan no son ciertas, que las mujeres también matan, que hay más denuncias falsas que verdaderas, que la educación es igual para todos, que eso del lenguaje sexista es una memez...

Quieren matar al *sabio* Salomón y no lo consiguen. El fondo del sexismo, de la misoginia (nueva y vieja) y de todas las violencias de género, desde los micromachismos hasta el asesinato, es el menosprecio o denegación de reconocimiento.

En esa búsqueda de argumentaciones, las feministas nos pasamos la década de los ochenta contando. Con la misma ingenuidad con la que las sufragistas defendieron el derecho al voto, convencidas de que, una vez conseguido, detrás vendrían todos los demás derechos de ciudadanía que se negaban a las mujeres, las feministas en los ochenta estábamos convencidas de que cuando le pusiésemos números a la realidad que sufríamos, cuando las cifras evidenciaran la violencia, la brecha salarial, la obligatoriedad de los cuidados..., podríamos cambiar las cosas. Lejos de eso, los negacionistas son capaces de rebatir cualquier evidencia y, sobre todo, son capaces de silenciarla. Ya está contado, demostrado, estudiado, cuantificado. ¿Y ahora qué? Cansadas de volver a empezar. La batalla simbólica no es una guerra entre dos bandos con los mismos recursos, los mismos altavoces y el mismo poder que ofrecen dos mundos posibles y pelean por conseguirlos. Vivimos en un mundo patriarcal al que intentamos deslegitimar desde los márgenes. A ver quién le dobla la mano al princesismo rosa de Disney o al mismísimo poder judicial, por poner un par de ejemplos.

EL LIBRE CONSENTIMIENTO

La nueva misoginia aún tiene más recursos. El mito de la libre elección, íntimamente unido al *como si no...* existiera patriarcado ni pobreza, la discriminación indirecta y cómo cumplir las leyes vulnerando su espíritu.

El negacionismo ha generado discursos falsos en algunos casos y, en otros, ha retorcido los conceptos hasta pervertir los discursos. El último de sus hallazgos ha sido el «consentimiento». Una palabra que en los últimos años ha adquirido categoría de argumento irrefutable, como si fuese una palabra clave, la llave que abre todas las posibilidades.

Lo explica muy bien Geneviève Fraisse cuando relata cómo llega a la vida política como desarrollo de la democracia.[50] Cómo a finales del siglo XX se introduce como argumento político pero con carácter de reivindicación fruto de la igualdad y de la libertad de las mujeres, como un símbolo de madurez democrática. El consentimiento llega a ser la imagen del dominio de una misma.

50. Geneviève Fraisse, *Del consentimiento*, Palinodia, Santiago de Chile, 2011.

Pero Fraisse alerta de que, sobre todo, el consentimiento no siempre es puro, se oscurece con todo tipo de sombras que alcanzan su libertad, ya que el consentimiento puede ser obtenido por la coacción, puede ser el fruto de una relación de fuerza, implícita o explícita. Las palabras que atemorizan el encierro, la vigilancia del uso del tiempo...

Sin embargo, se evoca como el punto final de la discusión política, reduciendo el tema a un asunto individual respetable. Los ejemplos son múltiples. Se alude al consentimiento para defender el ejercicio de la prostitución, el uso del velo o, últimamente, también, los vientres de alquiler.

Un contrato firmado por dos partes en la que una de ellas está dominada por la necesidad no es un contrato legítimo. No puede haber libertad de contrato absoluto en sistemas sociales edificados sobre dominaciones, pues la necesidad y la desventaja social vician el consentimiento.

O dicho de una manera mucho más sencilla. La pobreza es un fenómeno complejo basado en la falta de poder, no solo económico sino también político y social. Y otro de los fenómenos que crece exponencialmente en las últimas décadas es la feminización de la pobreza, insisto, no una pobreza únicamente económica, también una pobreza democrática.

Utilizar el argumento del consentimiento como ejercicio de libertad pura solo es posible negando la existencia del patriarcado. Llamar libertad de elección a escoger entre prostituirse o no comer, es un ejercicio de cinismo.

La discriminación indirecta —la que supone una norma, criterio o práctica aparentemente neutros pero que en la práctica afecta negativamente a las mujeres— es, quizás, el método más sutil de la nueva misoginia.

Hace unos años, la evidenciaba el Tribunal Europeo de

Justicia con una sentencia que consideraba discriminatorias las condiciones de acceso a una prestación contributiva, a una pensión de jubilación, en España, porque dejaban casi sin opción de recibirla a los trabajadores a tiempo parcial. El organismo utilizaba la discriminación indirecta por razón de sexo para probar la diferencia de trato: como las mujeres ocupan la mayor parte de los puestos a tiempo parcial, las trabas que les impone la ley para conseguir una pensión suponen una discriminación por razón de sexo.

La justicia respondía así al caso de Isabel Elbal Moreno, limpiadora a tiempo parcial en una comunidad de propietarios durante dieciocho años que solicitó su pensión con 66 años, en octubre de 2006. La sentencia decía textualmente que, según el cómputo de la ley española, Isabel «tendría que trabajar cien años para acreditar la carencia mínima necesaria de quince años que le permitiera el acceso a una pensión de jubilación de 112,93 euros al mes».

La sentencia del Tribunal de la UE también ponía de manifiesto la burla a los informes de impacto de género —obligatorios para todas las leyes y decretos— y que el Gobierno despacha (todos) como «neutros» o «favorables». El caso paradigmático en este sentido es el proyecto de ley de contrarreforma de Gallardón, el que consiguió la mayor movilización feminista de la historia, el que le costó el puesto al ministro, tenía un informe de impacto de género positivo, es decir, era favorable a las mujeres.

El sexismo y la misoginia gozan de una extendida impunidad. El escenario es mucho más igualitario que quince, diez años atrás, pero en él se desarrolla el espectáculo de una verdadera *performance* del machismo tradicional que se manifiesta en un complejo entramado donde se mezclan estereotipos, normas, conductas, creencias, mitos, discursos y metadiscursos.

Vivimos algo así como un simulacro democrático en lo que respecta a las mujeres. Es cierto que en algunos lugares del mundo disfrutamos de cotas de libertad desconocidas en épocas anteriores, y que en esos lugares tenemos la capacidad de gestionar y diseñar nuestras propias vidas como nunca antes, pero la violencia y la amenaza de la misma ponen en entredicho este ejercicio de plena ciudadanía.

Es evidente que cuanto más ensanchamos nuestro ámbito de libertades, más profundizamos en nuestros derechos, cuanto más dueñas nos hacemos de nuestra categoría de ciudadanas y tomamos la palabra y decidimos por nosotras mismas, más duras son las críticas y los ataques.

En las sociedades democráticas (o con apariencia de democracia) del siglo XXI, no se han transformado radicalmente las condiciones sociales, pero sí se ha avanzado en algunos aspectos de las mismas hacia mayores ámbitos de libertad de las mujeres y también han surgido discursos que con relativa potencia anuncian la posibilidad de esa transformación. Discursos que incluso han conseguido modificaciones legales frente a la violencia contra las mujeres, frente al monopolio de la familia tradicional, frente a algunos derechos de ciudadanía...

Pero, sistemáticamente, tras una época de expansión y éxitos en el ámbito de los derechos de las mujeres, llega a continuación una virulenta reacción patriarcal. O como señala Geneviève Fraisse, «todo periodo de conmoción política vuelve a cuestionar la relación entre los sexos a través de la reformulación del lazo social en su conjunto» y, sin duda, los comienzos del siglo XXI viven —o sufren— una fuerte conmoción política.

Entonces, ¿a qué nos enfrentamos?

Por un lado, al resurgir de los integrismos religiosos, de todas las religiones, y su cruenta guerra, fundamentalmente en contra de los discursos y las leyes que desarrollan los nuevos modelos de familia y los derechos sexuales y reproductivos de las mujeres, especialmente el derecho al aborto.

Por otro lado, como señala Celia Amorós, las resistencias a que las mujeres sean individuos es de una tenacidad que todavía nos sorprende: los comunitarismos, los multiculturalismos, los regímenes teocráticos e incluso nuestras actuales democracias presentan en este punto el hueso más duro de roer. Si las mujeres son individuos, los aspectos más indeseables de la organización social no se pueden mantener.

En tercer lugar, la crisis financiera, que desde 2008 se ha ido transformando en crisis económica y en crisis democrática, se está llevando por delante buena parte de los estados del bienestar, con el consiguiente coste para las mujeres encargadas de reemplazar los servicios que el Estado ya no ofrece, con el doble mandato de los cuidados que la sociedad ya no está dispuesta a satisfacer y con la debilidad económica de quien ya estaba en debilidad en el mercado de trabajo antes de la crisis.

No solo eso, la debilidad económica de las mujeres tiene una traducción inmediata también en el ámbito de la explotación sexual. Como señala Lydia Cacho al trazar el mapa de la esclavitud sexual en su libro *Esclavas del poder*, el mundo experimenta una explosión de las redes que roban, compran y esclavizan a niñas y mujeres. «Lejos de erradicar la esclavitud, estamos viviendo el desarrollo de una cultura de normalización del robo, compraventa y corrupción de niñas y adolescentes en todo el planeta que tiene como finalidad convertirlas en objetos sexuales de renta y venta.»[51] Cacho asegura que la sofisticación de la

51. Lydia Cacho, *Esclavas del poder*, Debate, Barcelona, 2010.

industria sexual ha creado un mercado que muy pronto superará al número de esclavos vendidos en la época de la esclavitud africana que se extendió desde el siglo XVI hasta el XIX.

En cuarto lugar, la revolución que suponen las tecnologías de la información en un mundo global y cambiante. Subraya Castells que esta era de la globalización es, en realidad, un periodo histórico caracterizado por una revolución tecnológica centrada en las tecnologías digitales de información y comunicación y que es un proceso de transformación multidimensional, incluyente y excluyente al mismo tiempo, en función de los valores e intereses dominantes en cada proceso, en cada país y en cada organización social.

Como todo proceso de transformación histórica, la era de la información no determina un curso único de la historia humana. Sus consecuencias: sus características dependen del poder de quienes se benefician en cada una de las múltiples opciones.[52]

Son los nuevos discursos que alimentan la misoginia histórica. Palabras nuevas para realidades antiguas, opciones políticas rejuvenecidas para estructuras de poder patriarcales, lenguaje sexista para mantener los imaginarios de discriminación, cultura del simulacro para seguir apropiándose —a nivel global— de los valores dominantes y normativos, mitos modernos para asentar la histórica usurpación del cuerpo de las mujeres, economía especulativa que arruina los estados del bienestar a costa, entre otras muchas cuestiones, del trabajo no remunerado de las mujeres; economía de rapiña que coloca en situación de extre-

52. Manuel Castells, *La era de la información*, vol. 1, Siglo XXI, México, 2001.

ma vulnerabilidad a millones de mujeres y niñas, discursos políticamente correctos que pretenden invisibilizar la barbarie, leyes que apelan a la igualdad y a la no violencia de género que sistemáticamente no se cumplen, normalización de la compra-venta de mujeres apelando a la libre elección. Millones de mujeres maltratadas, violentadas y asesinadas impunemente. La misoginia continúa, la barbarie también.

Como dice Ana de Miguel: «La ideología patriarcal está tan firmemente interiorizada, sus modos de socialización son tan perfectos, que la fuerte coacción estructural en que se desarrolla la vida de las mujeres, violencia incluida, presenta para buena parte de ellas la imagen misma del comportamiento libremente deseado y elegido.»

Estamos cansadas y nos sobran los motivos. Unos son muy obvios, otros están invisibilizados pero los acusamos en nuestras vidas con la misma fuerza, aunque a veces no los consigamos ni ver ni explicar. Es hora de la insumisión. Es hora de que las mujeres consigamos deslegitimar «dentro y fuera» de nosotras mismas un sistema que se ha levantado sobre el axioma de nuestra inferioridad y subordinación a los varones. El fin de este proceso, según Ana de Miguel, tiene como resultado lo que se ha denominado la *liberación cognitiva*, la puesta en tela de juicio de principios, valores y actitudes aprendidos e interiorizados desde la infancia y, por supuesto, el paso a la acción, tanto individual como colectiva. No puedo estar más de acuerdo. Es hora de levantar la voz y llamar a las cosas por su nombre. Y de hacerlo juntas. A las mujeres siempre nos ha ido bien cuando hemos estado unidas.

6

Cansadas de no tener

No le doy demasiado valor al conocer por conocer.
El conocimiento, para mí, tiene un sentido si es para cambiar.

MARÍA ÁNGELES DURÁN

Por si Salomón no hubiese dejado la cosa suficientemente resuelta, entre los siglos XVI y XVII se ejecutaron cientos de miles de mujeres por ser herejes, curanderas, desobedientes, solteras... cualquier cosa valía. Fue la caza de brujas que se extendió por Europa y América. Silvia Federici lo explica con precisión de cirujana.[53] Feminista y profesora de la Hofstra University en Nueva York, Federici afirma que este fenómeno, determinante en la historia, y aún hoy prácticamente silenciado, consistió en tratar de destruir el control que las mujeres habían ejercido sobre su función reproduc-

53. Silvia Federici, *Calibán y la bruja. Mujeres, cuerpo y acumulación originaria*. Traficantes de sueños, Madrid, 2014.

tiva y sirvió para allanar el camino al desarrollo de un régimen patriarcal más opresivo. Pero lo más interesante del estudio de Federici es la explicación que aporta sobre cómo surge el capitalismo, precisamente mientras está en marcha esta guerra contra las mujeres, gracias al desarrollo de una nueva división sexual del trabajo que confinó a las mujeres al ámbito reproductivo. Es decir, al analizar la quema de brujas, Federici no solo desentraña uno de los episodios más terribles de la historia moderna, sino también el corazón de una poderosa dinámica de expropiación social dirigida sobre el cuerpo y la reproducción femenina. Una dinámica que no ha cesado. «Así —explica—, ante cada gran crisis capitalista han sido relanzadas, de diferentes maneras, estrategias violentas con el fin de abaratar el coste del trabajo y esconder la explotación de las mujeres. De manera que, en la era del ordenador, la conquista del cuerpo femenino sigue siendo una precondición para la acumulación de trabajo y riqueza, tal y como lo demuestra la inversión institucional en el desarrollo de nuevas tecnologías reproductivas que, más que nunca, reducen a las mujeres a meros vientres.»

La alianza patriarcado-capitalismo es sólida y estable. Federici va más allá y asegura que «el capitalismo, en tanto que sistema económico-social, está necesariamente vinculado con el racismo y el sexismo».

Fue la economía feminista la que echó por tierra la base de los modelos económicos de la escuela neoclásica: el denominado *homo economicus*. Éste había sido definido como un individuo racional que, como en las historias de Robinson Crusoe, no tiene niñez ni se hace viejo, no depende de nadie ni se hace responsable más que de sí mismo. El medio no le afecta, participa en la sociedad sin que ésta le influya. Interactúa en un mercado ideal donde los precios son su única forma de comunicación, sin manifestar relaciones emocionales con otras personas. Es decir, la teoría económica se inventó un modelo imposible. Este *homo economicus* representa una libertad de actuación que solo puede existir porque hay alguien que realiza las otras actividades. Pero, tradicionalmente, la economía ni siquiera vio a ese *alguien*. La alternativa al *homo economicus* es pensar de manera más realista: las personas no son *hongos* que salen de la tierra. Más bien nacen de mujeres, son cuidadas y alimentadas en la niñez, socializadas en la familia y grupos comunitarios, enferman y se hacen mayores, por lo que la norma es que todas las personas son dependientes a lo largo de toda la vida.[54]

¿Quién le hacía la cena a Adam Smith?, se pregunta la periodista y feminista sueca Katrine Marçal.[55] Y la pregunta viene a cuento porque Adam Smith, el padre de la ciencia económica, escribió en 1776 una reflexión que marcó la visión moderna de la economía: «No de la benevolencia del carnicero, del cervecero y del panadero, sino de sus miras al interés propio, es de quien esperamos y debemos esperar nuestro alimento.» Así, explica Marçal que cuando Smith, el autor de *La riqueza de las naciones,* se sentaba a cenar, pensaba que si tenía la comida en la mesa era por «el interés propio» del carnicero y del panadero, ya que, según sus tesis, ése era el motor de la economía eficaz: la libertad y autonomía del libre mercado. Sin embargo, la autora señala que Smith vivió la mayor parte de su vida con su madre, quien se encargaba de la casa, que se mudó con él cuando por motivos laborales cambió de ciudad y que toda su vida se dedicó a cuidar de su hijo, aunque éste a la hora de

54. Cristina Carrasco (ed.), *Mujeres y economía. Nuevas perspectivas para viejos y nuevos problemas*, Icaria, Barcelona, 2.ª ed., 2003.
55. Katrine Marçal, *¿Quién le hacía la cena a Adam Smith?*, Debate, Barcelona, 2016.

responder a la pregunta de cómo llegamos a tener la comida en la mesa, se la pasó por alto, ni siquiera la vio. Ni a su madre, ni a ninguna de las mujeres que en su época eran necesarias para que el carnicero y el panadero pudieran hacer su trabajo, mientras ellas dedicaban su vida a cuidar a los niños y las niñas, limpiar la casa, preparar la comida, lavar la ropa y apoyar emocionalmente a toda la familia. Así pues, concluye Marçal, Adam Smith logró responder a la pregunta fundamental de la economía solo a medias: si tenía asegurada la comida, además de porque el carnicero y el panadero hacían su trabajo, era porque su madre se encargaba de ello todos los días.

EL GIGANTE ESCONDIDO

La palabra «economía», que proviene del griego *oykos* (casa), en su origen significó la buena administración del hogar. Actualmente, sin embargo, se define como la producción, distribución, consumo y acumulación de bienes escasos susceptibles de uso alternativo. En la práctica, los estudios económicos suelen limitarse a los bienes y servicios que se transforman en dinero y tienen un precio. Es decir, de la teoría económica, como explica Marçal, se expulsó todo el ámbito reproductivo y de cuidados para quedar reducida al ámbito productivo. O, lo que es lo mismo, se sustituyó el todo de la definición inicial por una de sus partes y, como bien sabemos, *conceptualizar es politizar.*

Así, debajo de la alfombra patriarcal también quedó oculto un trabajo ingente y vital que no figura en los medidores de riqueza de los países: el realizado en el hogar. Si se contabilizara, el impacto económico de estas atenciones familiares representaría el 53% del PIB, como se reconoce en un estudio de 2012 del BBVA.[56] Según María Ángeles Durán, la principal investigadora en la materia, por cada 100 horas de empleo se necesitan 127 horas para mantener nuestro estado del bienestar que no son pagadas, horas gratuitas que en su inmensa mayoría (83%) son realizadas por mujeres. Según Durán, si hubiera que convertir en empleos a jornada completa las horas dedicadas a trabajo no remunerado en el Estado español, sería necesario crear un mínimo de 26,4 millones de puestos de trabajo, cuando actualmente solo 18,3 millones de personas tienen empleo.[57]

Cuando la economía feminista levantó la alfombra, se encontró con el gigante escondido de los cuidados y, al desnudar al todopoderoso hombre económico, puso encima de la mesa el valor de los cuidados, reconoció ese trabajo por sí mismo en cuanto que es proveedor de relaciones afectivas y de calidad de vida. Simultáneamente, los estudios sobre usos del tiempo fueron determinantes para hacer visible su dimensión cuantitativa. Tanto en su contenido, el cuidado de la vida humana, como en cuantía, el trabajo no remunerado realizado fundamentalmente por las mujeres se presentaba como más importante que el trabajo remunerado. Más aún, esta actividad no reconocida es de hecho la que permite que funcione el mercado y el resto de las actividades. El tiempo que se dedica a los niños y las niñas, a los hombres y mujeres desde el hogar es determinante para que crezcan y se desarrollen como seres sociales, con capacidad de relación, con seguridades

56. M.ª Ángeles Durán, *El trabajo no remunerado en la economía global*, Fundación BBVA, Bilbao, 2012.
57. Datos de la EPA (Encuesta de Población Activa), junio de 2016.

afectivas... todas aquellas características que nos convierten en personas.

Llevándolo a políticas concretas, la economía feminista insiste en que el modelo masculino de uso del tiempo y de incorporación al mercado de trabajo no es generalizable, no responde a las necesidades de la vida humana, no es sostenible y de ahí la tremenda crisis de cuidados a la que nos enfrentamos. Desde que las mujeres entraron masivamente en el mercado laboral sin que cambiaran las condiciones, como si ellas también fuesen *setas*, la situación es insostenible. La única solución que se ha puesto encima de la mesa es la famosa idea de la conciliación de la vida familiar y laboral, como si ambas estuviesen completamente separadas, como si tuviesen cabida todas las personas en un mercado pensado para el hombre económico —es decir, sin que nadie cuide—; como si fuese compatible un sistema que solo quiere personas liberadas de los cuidados, con una sociedad que considera que éstos son obligación de las mujeres. Sencillamente, es imposible.

¿QUIÉN ASUME LA RESPONSABILIDAD?

Explica la economista Amaia Orozco que el hogar, como espacio de desarrollo humano, no es solo clave por la inmensa cantidad de actividad económica que en él se produce, sino porque es ahí donde se asume la responsabilidad de que todo funcione, es decir, de que los recursos finalmente generen bienestar. Y esa responsabilidad no es asumida por el Estado, ni por el conjunto de la sociedad ni, mucho menos, por las empresas. Esa responsabilidad es asumida por las familias y, en ellas, por las mujeres. De hecho, el 8 de marzo se comenzó llamando Día Internacional de la Mujer

Trabajadora hasta que perdió el apellido porque nos dimos cuenta de que las mujeres del mundo siempre han trabajado y trabajan, aunque la mayor parte de ellas no reciban un salario. Como decían los eslóganes de hace unos años, trabajo nos sobra, lo que nos faltan son empleos.

Unos hogares, que en palabras de Orozco, no son en absoluto unidades armoniosas, sino terrenos marcados por el conflicto de las relaciones de desigualdad entre hombres y mujeres: «La unidad analítica básica de la economía son los hogares atravesados por relaciones de poder.» Y añade algo que, por obvio, no deja de ser invisible: la economía de mercado permite colmar deseos, no satisfacer necesidades.

La idea de responsabilidad que desarrolla Orozco es básica para entender la crisis de cuidados. Mientras las mujeres asumieron todo el ámbito de cuidados sin plantear conflicto, a pesar de ser un modelo profundamente injusto, la crisis estaba silenciada y, por tanto, no existía.[58]

La filósofa Ana de Miguel relata la historia de cómo surge ese conflicto desde que en el momento mismo del nacimiento de las sociedades modernas ya dejan a las mujeres excluidas de la esfera pública. Aun así, a lo largo del siglo XIX, las mujeres nunca dejarán de pelear de una manera u otra por su derecho a ser ciudadanas frente a una sociedad que les decía que no podían y no debían trabajar.[59]

58. Amaia Orozco, «Diagnóstico de la crisis y respuestas desde la economía feminista», en *Revista de Economía Crítica*, n.º 9, primer semestre 2010, ISSN: 2013-5254.
59. La famosa «Igualdad, libertad y fraternidad» de la Revolución Francesa no alcanzó a las mujeres que, tanto en Europa como en EE UU, quedaron excluidas de los derechos políticos recién estrenados tras la caída del absolutismo y la independencia de las colonias americanas. Durante el siglo XIX, las sufragistas lucharon para conseguir el derecho al voto que consideraban fundamental para alcanzar el resto de los derechos de ciudadanía.

Tampoco el movimiento obrero, protagonizado mayoritariamente por varones, sabía muy bien qué hacer. Muchos trabajadores y líderes se oponían al trabajo femenino. Por un lado, mantenían que las obreras eran mano de obra más barata y, por lo tanto, bajaban los salarios de todos, y además, también querían esposas que cuidasen su hogar y sus hijos.

Al final —continúa relatando De Miguel— habló Marx y dijo que las mujeres tenían que trabajar, que el trabajo realiza al ser humano. Fue un gran respiro pero también duró poco, porque a continuación el comunismo se preguntó por las tareas domésticas, quién iba a hacerlas en esa nueva sociedad supuestamente igualitaria. La respuesta fue que el Estado, pero la realidad es que las siguieron haciendo las mujeres y, para que todo encajara bien, se prohibió el feminismo por innecesario y burgués.

En España, las cosas fueron un poco más lentas y difíciles. El siglo XIX se caracterizó por una industrialización tardía, uno elevados índices de analfabetismo y una decisiva influencia de la iglesia católica, aspectos que pusieron en muchas dificultades al débil movimiento de mujeres. El reconocimiento de la igualdad formal no llegaría hasta la Segunda República pero en lo poco que duró no dio tiempo a consolidar cambios en los roles entre mujeres y hombres. Luego llegó el franquismo y el discurso no admitió ninguna fisura: las mujeres eran las reinas del hogar y tenían virtudes excelentes para el cuidado. Con todo ello, se reforzó la división sexual del trabajo forzada con leyes que prohibían el empleo a las mujeres casadas, y a todas en una gran cantidad de actividades. Así se implantó un único modelo de mujer: obediente, abnegada, sumisa, doméstica y a ser posible madre numerosísima.

Con la aprobación de la Constitución de 1978 se devuelve a las mujeres españolas los derechos reconocidos en la Segunda República. Sin embargo —asegura De Miguel—, lo que realmente cambió la situación fue una auténtica *huelga de natalidad* de las mujeres, huelga por la que una sociedad calificada como tradicional-católica y familiar llegó a tener la tasa de natalidad más baja del mundo.

El problema fue que los cambios a partir de los años 80 supusieron una ruptura en el sistema pero del tamaño de una rendija, por así decirlo, porque afectó casi exclusivamente al espacio público manteniendo casi inamovible la organización de lo privado. Así mientras las mujeres entraron en el espacio público —sin abandonar el doméstico—, los hombres no entraron en el privado, con las consecuencias que bien conocemos: las mujeres continúan asumiendo mayoritariamente tanto la ejecución del trabajo doméstico como la organización y gestión del mismo. Y la imposibilidad de compatibilizar dobles jornadas, dobles presencias, dobles vidas, en definitiva, además del no reconocimiento económico del trabajo doméstico, convierten esta situación en origen de la desigualdad de género actual.[60]

Las mujeres sabemos mucho de crisis. En el relato de Ana de Miguel se encuentra la historia de millones de mujeres con nombres y apellidos. Mujeres que supieron soportar la escasez y la penuria en momentos realmente difíciles. Tuvo que estallar la Primera Guerra Mundial para que el rey Jorge V amnistiara a todas las sufragistas inglesas y encargara a su líder el reclutamiento y la organización de las mujeres para sustituir a los hombres que debían alistarse.

60. Ana de Miguel, prólogo en Laura Nuño, *El mito del varón sustentador*, Icaria, Barcelona, 2010.

También en la Segunda Guerra Mundial, las mujeres ocuparon los puestos en las fábricas y en la producción mientras duró la contienda, pero una vez acabada la guerra, esas mujeres, que se movilizaron masivamente, tuvieron que replegarse de nuevo a casa. Hasta ahora, las mujeres han sido las últimas en entrar y las primeras en salir del mercado laboral según lo reclamara la situación económico-política. Hasta ahora, las mujeres han ido supliendo los recortes cuando los responsables públicos decidían que había que ajustar gastos precisamente en los ámbitos del cuidado y del bienestar. Los derechos de los que disfrutamos hoy, en realidad, los obtuvimos gracias a la generosidad y al valor de esos millones de mujeres.

Al valor de quienes comenzaron a trabajar más allá de los hogares y del silencio del campo. Al valor de quienes comenzaron a dejar de ser invisibles peleando por su independencia. A las rebeldes cigarreras de Sevilla con sus reivindicaciones obreras, ferozmente reprimidas. A las célebres cargadoras de Bilbao, a las tejedoras de Cataluña, a las mariscadoras y conserveras gallegas, a las costureras y sirvientas del viejo Madrid. A las mujeres asesinadas en Casas Viejas durante una huelga imposible. A las asturianas, que se sumaron a una revolución perdida, a las que demostraron que la vida continuaba en retaguardia gracias a su esfuerzo, a su inteligencia, a su poderosa voluntad de supervivencia y a su profundo sentido de la responsabilidad.

A las que no se resignaron, las que contrabandeaban modestos artículos de primera necesidad como estraperlistas de todas las fronteras; las que lograban enseñar desde los pupitres habitualmente reservados a los hombres; las que trabajaban en los mesones del camino y los bares de barrio; aquellas eternas jornaleras; las que se incorporaban a la industria del automóvil; las que terminaron bajando a las minas, subiendo a los barcos o llenando las universidades.

A muchas madres haciendo cuentas para llegar a fin de mes. Quitando de aquí para poner allá, estirando salarios que daban de sí lo que daban de sí y, sin embargo, con los que ellas conseguían, como si fuesen prestidigitadoras, que no quedara nada esencial al descubierto.

Pero la crisis de los cuidados ha aflorado con toda su fuerza reprimida desde que el cambio en la vida de las mujeres, en sus expectativas, proyectos y deseos son una realidad, desde que la población está envejeciendo, se han ido perdiendo las redes afectivas y familiares y se extiende la precariedad. Es obvio que los hombres continúan desentendiéndose del tema mientras las mujeres forman parte de las cadenas globales de cuidados, construidas entre mujeres malabaristas del tiempo, abuelas, mujeres migrantes y mujeres de la familia extensa.

LA CAJA DE PANDORA DE BESCANSA

El día que Carolina Bescansa apareció en el Congreso de los Diputados con su bebé en brazos se desató una tempestad de tal calibre que parecía que, en vez de un niño, sujetara en el regazo la caja de Pandora y la hubiese abierto en pleno hemiciclo. Fue el 14 de enero de 2016, el primer día de la XI legislatura, el día en el que se estrenaba en las Cortes la denominada «nueva política» con la llegada de los nuevos partidos, entre ellos Podemos, al que pertenece Bescansa. El Congreso de los Diputados tiene guardería desde 2006, en la época en la que presidía la Cámara el socialista Manuel Marín. Una guardería de pago, que tiene

45 plazas y un servicio especial de urgencia para acoger a algún menor en ocasiones puntuales si sus madres o padres lo necesitan. Además de tener a su disposición la guardería, Bescansa acudió al Congreso con una cuidadora para ayudarla, pero prefirió que el pequeño Diego no se quedara ni en la guardería ni con la cuidadora, sino que entrara con ella en el hemiciclo.

Al margen de polémicas partidistas o de las oportunas y forzadas carantoñas de sus compañeros de escaño y de partido, o si apuramos, de la utilización electoralista de un bebé, el gesto puso de manifiesto al menos dos cuestiones importantes. Una, que la nueva política se queda vieja al feminismo en particular y a las mujeres en general. Tanto Bescansa como su partido alegaron que su intención con el pequeño Diego había sido visibilizar «lo que hay en la calle» como gesto simbólico y reivindicativo de «aquellas mujeres que han de conciliar vida familiar y personal y vida laboral y no pueden hacerlo». Y así, los medios de comunicación se tiraron en picado a discutir sobre las dificultades de las madres trabajadoras. Es decir, como si hubiésemos vuelto al siglo XX (o al XIX, o al XVIII...) los bebés fueron considerados un problema de las madres. No hubo «padres» en el debate. Los padres se fueron de rositas fortaleciendo así la idea de que los cuidados son cosa de mujeres.

La segunda, el debate que existe sobre este tema. Por un lado, buena parte de las generaciones jóvenes se alinearon con Bescansa y defendieron el modelo de cargar con tu hija o hijo a todas partes, la denominada crianza con «apego» —nombre bastante inadecuado porque, salvo desgraciadas excepciones, todas las crianzas se hacen con apego—. Hubiese sido mejor, como diría Armando Bastida, llamarla «crianza según la teoría del apego de

Bowlby», pero supongo que, como queda un poco largo, pues se abrevió un poco.[61] Para estas jóvenes, Bescansa, a pesar de tener guardería y una niñera a la puerta, reivindicó la esfera reproductiva —invisibilizada— frente a la productiva, la única que se ve y se valora. Para la generación que quiere ser madre y no puede por la carga de precariedad y paro que soporta, la que defiende con uñas y dientes la libre elección —aunque sea sospechoso que toda una generación *elija* lo mismo y, además, precisamente en medio de una durísima crisis económica—, para todas ellas, la imagen de Bescansa era un desafío. Era rebeldía y, además, era deseable.

Para las feministas de mi generación y, sobre todo para las mayores, para todas las que luchamos por acceder al mundo profesional cuando era una tarea ardua, que aceptamos, retrasamos o descartamos la maternidad pero en cualquier caso peleamos para que ésta no fuese una obligación, la imagen era vieja, muy vieja y solo tenía una lectura de retroceso en los derechos conseguidos. Nos vinieron a la cabeza imágenes no tan lejanas que solo tenían la lectura de la desigualdad. Nuestra historia está llena de mujeres que iban a trabajar siempre con sus bebés a cuestas, al campo o a las fábricas. Fotos en blanco y negro, fotos sepia que muestran cunitas de bebés al lado de sus madres, que no podían ni despegar la vista de la faena. Lugares inadecuados para las criaturas y sobrecarga para sus madres. Fue una dura batalla —ganada— poder acudir a trabajar dejando a los bebés en lugares adecuados y seguros. Aún a mediados del siglo XX, Betty Friedan repetía que «sin guarderías, lo demás es pura palabrería».

61. John Bowlby, psiquiatra y psicoanalista que acuñó el término «crianza con apego» en el ámbito de la psicología del desarrollo.

En realidad, lo que puso encima de la mesa la foto de Bescansa fue un choque generacional que tiene el trasfondo de la gran crisis de cuidados que soportamos. Que cada generación empiece de cero y rompa lo hecho por las anteriores es un grave error, siempre seremos más fuertes si sumamos y transmitimos conocimiento, porque es la única forma de avanzar, pero ahí está el núcleo duro de la disputa: no hay un nuevo modelo para esta nueva generación que parece decantarse por rechazar el de sus madres y abrazar el de sus abuelas.

Es obvio que a las mujeres jóvenes no les parece apetecible el modelo de las que les preceden. Esa vida «cansada», falta de sueño, falta de horas, falta de recursos, con las dobles y triples jornadas y haciendo equilibrios cotidianos para que no se caiga ningún platillo de las decenas que sostenemos a la vez, no, no es deseable. Además, no refleja su realidad: las mujeres de 16 a 19 años son las más afectadas por el desempleo con una tasa de paro cercana al 71%. Entre los 16 y los 24 años, la tasa de afiliadas a cualquier régimen de cotización (incluidas autónomas) es poco más del 20% (20,35%) y entre los 25 y los 45 años no llega al 60% (59%).

La contratación temporal ha ganado terreno a la indefinida y la modalidad temporal de «Eventual por circunstancias de la producción», con una duración igual o inferior a un mes, fue en 2015 la más frecuente entre las trabajadoras. Así, la mayor parte de los contratos de las mujeres son de corta duración y la tasa de contratación femenina se sitúa en el valor mínimo de la década. También se soporta el índice de rotación en la contratación femenina más elevado de los últimos diez años y son los contratos «formativos» los que más han crecido. Por actividades económicas, la hostelería y el comercio al por menor siguen generando un volumen importante de empleo femenino. La brecha de género —diferencia entre las tasas de los hombres y de las mujeres— es negativa para las mujeres en 11,58 puntos en la tasa de actividad y de 10,95 en la tasa de empleo.[62]

Carolina del Olmo, autora de *¿Dónde está mi tribu?*, libro en el que profundiza sobre la maternidad y la crianza, explica perfectamente el movimiento de resistencia de buena parte de las jóvenes: «Alguien tiene que criar y cuidar, y tiene que hacerlo con afecto, paciencia y responsabilidad. No, no tienen por qué ser las madres biológicas, ni tampoco las mujeres. Pero de ahí no se sigue que no sea asunto nuestro y que los procesos de liberación puedan desentenderse de esta cuestión. Es un campo de acción y movilización fundamental, irrenunciable. La negación del problema ha dejado la defensa de la familia en manos de los movimientos conservadores (...). El abandono del trabajo asalariado y la reivindicación de un tipo de crianza intensiva en tiempo y energías no es la solución a nuestros males, por supuesto. Pero sí es un movimiento de defensa contra los efectos devastadores del capitalismo neoliberal contemporáneo. Las reivindicaciones maternalistas actuales no constituyen un movimiento uniforme o coherente, incluyen elementos muy distintos, algunos realmente poco recomendables: desde un cierto romanticismo ecologista hasta posiciones conservadoras de inspiración religiosa, todo ello arropado por amplias dosis de pseudociencia psicológica y biológica. Sin duda, se trata de una corriente poco articulada y con un sinfín de inconvenientes, pero su sentido fundamental es la búsqueda de una solución a los ma-

62. Informe del Mercado de Trabajo de las Mujeres 2016. Ministerio de Empleo y Seguridad Social. Servicio Público de Empleo Estatal.

lestares que genera la contradicción fundamental entre capitalismo y crianza. Su potencial crítico es, pues, importantísimo, ya que afecta a una de las experiencias compartidas más importantes del ser humano y no se debería dilapidar. Tal vez no sea el primer paso de una revolución, pero sí es, al menos, un movimiento de resistencia.»[63] Un movimiento de resistencia, sin duda, pero probablemente no en la dirección más adecuada.

NO HAY CENAS GRATIS

Asegura la politóloga Laura Nuño que la incorporación de las mujeres al espacio público ha sido considerada, desde distintos ámbitos, como una de las mayores revoluciones del siglo XX. Una revolución tanto en términos cuantitativos, por el número de mujeres que han accedido al espacio público, como en términos cualitativos, por la profundidad de los cambios que ha conllevado. Sin embargo, es todavía una revolución incompleta.[64] Efectivamente, esa incorporación no ha venido acompañada ni de cambios de funcionamiento y organización de la sociedad ni de cambios en la asunción de los varones de las tareas de cuidados. Por mucho que el patriarcado insista, ni un solo indicador nos muestra lo contrario. Solo vemos piruetas y fuegos de artificio para desviar la atención.

Como ejemplo, la supuesta modernidad de empresas como Apple o Facebook, que han anunciado que financian

63. Carolina del Olmo, *¿Dónde está mi tribu? Maternidad y crianza en una sociedad individualista*, Clave Intelectual, Madrid, 2013.

64. Laura Nuño, *El mito del varón sustentador. Orígenes y consecuencias de la división sexual del trabajo*, Icaria, Barcelona, 2010.

la congelación de óvulos a las empleadas que lo soliciten. La justificación: aumentar el número de mujeres en Silicon Valley; la realidad: evitar que las mujeres sean madres con 20 o 30 años y posterguen su maternidad hasta que estos monstruos empresariales les den permiso. Aunque la verdad, no sé cuándo será una edad adecuada para ellos, quizá los 65 les parezca idónea.

Todo este trabajo gratuito imprescindible para el mantenimiento de nuestra sociedad condiciona a las mujeres en la esfera del empleo remunerado. En el presente y en el futuro. La última Encuesta Anual de Estructura Salarial muestra que la remuneración anual bruta de las trabajadoras españolas fue casi un 24% inferior a la de los hombres. Es decir, la brecha salarial está en el 24%, y las mujeres asalariadas en España, para percibir de media la misma retribución que los hombres, tendríamos que trabajar 79 días más al año. Una brecha que en el caso de las pensiones se eleva al 40%.

Una situación que se está haciendo aún más comprometida tanto por razones económicas como sociológicas. Por un lado, los recortes en el sistema de bienestar están sobrecargando aún más a las mujeres con todo lo que ha dejado de tener presupuesto público: comedores escolares, dependencia, cuidados en los hospitales donde las personas enfermas están ingresadas lo mínimo —a veces incluso por debajo del tiempo mínimo razonable...—. Y por otro lado, ¿qué ocurrirá cuando sean abuelas las generaciones que ya no son netamente cuidadoras? ¿Las cansadas vamos a cuidar a nuestros nietos y nietas de manera continua y cotidiana como hacen nuestras madres? Me temo que no.

En los últimos años, la voracidad de un sistema económico globalizado y corrupto al que nadie parece poner freno también practica la malversación de los conceptos. Conciliar significaba, en origen, la búsqueda de soluciones para ser una persona completa, es decir, con la posibilidad de un desarrollo profesional, personal y familiar. Renunciar a la maternidad o renunciar al trabajo asalariado o al desarrollo de una carrera profesional no es conciliar. Convertirse en una heroína que rinde al máximo en una triple jornada, tampoco.

Cada día somos más conscientes de que el concepto *conciliación* es una patraña más. La conciliación es uno de los ámbitos en los que más claramente se nos pide, en términos del sociólogo alemán Ulrick Beck, que busquemos soluciones biográficas a contradicciones sistémicas. ¿Conciliación o corresponsabilidad? Con el sentido que actualmente se les da, ninguna de las dos. Ambas son, tan solo, pequeñas tiritas que no consiguen cerrar la herida del sistema.

La crisis de 2008 llegó y parece que el único que no fue despedido fue el hombre económico. Las bases del sistema no cambiaron, el relato y las ideas fundamentales, tampoco. La «refundación del capitalismo», que tanto cacarearan los líderes mundiales, se quedó en una frase a la que se recurre con ironía. Es más, con todo lo que se ha roto, con todo lo que se ha soportado, parece que el hombre económico ha vuelto a tomar las riendas. Ni siquiera los estados del bienestar han sabido adecuarse a una realidad social que se ha transformado de arriba abajo. De hecho, buena parte de la crisis de la socialdemocracia viene de su incapacidad para dar respuestas a esta cuestión. La sociedad envejece porque, al margen de los deseos de las mujeres de ser madres o no, la realidad se impone y cada una intenta dar soluciones individuales a un problema que el sistema ni quiere ni sabe afrontar.

Marçal repite: «No hay cenas gratis. Si queremos comprender por qué estamos experimentando un aumento de la desigualdad económica, hemos de entender la perspectiva feminista: quién le hacía la cena a Adam Smith y por qué eso tenía importancia económica.» El reto es tan arduo como despedir al hombre económico y replantearse la pregunta de ¿qué es la economía? Sostiene Amaia Orozco que las soluciones pasan por poner la sostenibilidad de la vida en el centro —y no en los márgenes del sistema— y entender la economía como los procesos de satisfacción de necesidades y generación de recursos precisos para el bien vivir, para una vida digna de ser vivida: «El replanteamiento del buen vivir exige una revalorización de los cuidados. Para ello necesitamos comenzar a reconocernos como entes vivos con potencias y debilidades, reconocer la parte de dolor, envejecimiento, fragilidad y vulnerabilidad que tiene la vida. No somos el Robinson Crusoe que se las apaña solo en el mercado, en un delirio de omnipotencia.»

Estamos cansadas, muy cansadas, y este cansancio es capital político. ¿Qué hacemos con él? Cuestionar el sistema con ese malestar generalizado en las mujeres, identificarlo en términos estructurales y colectivos o, en palabras de Orozco, construir otra lógica económica que empiece a incrementar el gasto social dirigido hacia la reproducción y hacia la reducción del trabajo invisible. Para empezar, no estaría mal que los hombres se cuidaran a sí mismos. Solo eso reduciría la sobrecarga de las mujeres —el 39% de los cuidados a terceras personas que realizan las mujeres en España están destinados a hombres adultos que podrían cuidarse solos—. También, exigir una reforma impositiva profunda con la idea de que lo que debemos hacer es financiar y garantizar públicamente el proceso de reproducción social y, como mínimo, redireccionar los planes anticrisis...

En definitiva, poner la vida en el centro de un sistema económico y social que actualmente, lejos de ello, la desprecia y se desentiende de cómo criar, cuidar, alimentar y sanar.[65]

Lo que está en juego es algo muy importante. Caída ya la venda de la apariencia de igualdad y modernidad, sabemos que si no encaramos con seriedad y rigor el futuro de la gestión social de los cuidados, lo que nos jugamos es la propia sostenibilidad humana. El verdadero debate político para alcanzar la igualdad consiste en contemplar la economía en una dimensión completa y real, una dimensión que integre empleo, remunerado, y trabajo, no remunerado. La clave está en negociar un nuevo pacto de género porque la expectativa de las mujeres no pasa por seguir aguantando todo ese trabajo de forma gratuita y en solitario mientras sufrimos el desempleo y la precariedad laboral.

Relata Nelson Mandela, en su autobiografía *El largo camino hacia la libertad*, una anécdota sobre la gente decente. «En Liberia conocí al presidente Tubman, que no solo me dio cinco mil dólares para armamento e instrucción, sino que me preguntó en voz baja: ¿Tiene dinero de bolsillo?...» En esta época confusa que nos ha tocado vivir, además de palabras, nosotras, las cansadas, también necesitaríamos que alguien nos preguntara, aunque fuese en voz baja, si tenemos dinero de bolsillo, al menos mientras evitamos que nos roben los ahorros.

65. Amaia Orozco, «Diagnóstico de la crisis y respuestas desde la economía feminista», *Revista de Economía Crítica*, n.º 9, primer semestre, 2010.

7

Cansadas de estar cansadas

Todos (y todas) deberíamos ser feministas.

CHIMAMANDA NGOZI

No sé en qué momento perdimos la inocencia. Quizá, cuando comenzamos a trabajar sobre una nueva Conferencia Mundial de la Mujer, después del éxito de la última, Beijing 1995, y nos dimos cuenta de que sería un error.[66] En ningún caso se iban a conseguir avances. Los posicionamientos de los distintos países y las políticas que se estaban realizando no dejaban dudas sobre lo que saldría: retrocesos respecto a las resoluciones tomadas en la capital china. Lo diría con sencillez la egipcia Nawal Al Saadawi: «Mi madre era más libre que mi hija.» No hay mayor tristeza que la que se esconde en esa frase.

Habíamos iniciado el siglo con la gran Marcha Mundial de las Mujeres. La idea de realizarla en el año 2000 sur-

66. Naciones Unidas ha organizado cuatro conferencias mundiales sobre la mujer, que se celebraron en Ciudad de México (1975), Copenhague (1980), Nairobi (1985) y Beijing (1995). A esta última le han seguido una serie de exámenes quinquenales, hasta hoy.

gió a consecuencia de la Marcha de las Mujeres contra la Pobreza que tuvo lugar en Quebec en 1995. Iniciada por la Fédération des Femmes du Québec, tuvo un éxito enorme. Ochocientas cincuenta mujeres caminaron durante diez días llevando nueve reivindicaciones de carácter económico. La Marcha de Quebec movilizó al conjunto del movimiento feminista y ganó el respaldo de varios sectores de la población. De ahí que, después de esa experiencia, surgiera la idea de realizar una gran marcha mundial para comenzar el siglo XXI. El 8 de marzo se llevó a cabo formalmente la primera Acción internacional en Ginebra (Suiza), y culminó el 17 de octubre en la sede de Naciones Unidas en Nueva York. Entre ambas, mujeres de los cinco continentes trabajamos juntas. Teníamos el objetivo común de remover los cimientos del sistema. Miles de mujeres en todo el mundo compartíamos cierta desolación al entrar en un nuevo siglo arrastrando ese viejo baúl rebosante de violencia y pobreza. Queríamos eliminar las causas, impulsar un cambio político, económico y social, el cambio que de una vez por todas acabara con tanta indignidad y tanto abuso. Queríamos erradicar «la política de la crueldad» de la que nos hablara Keit Millett.

Por aquellas fechas, en Austria acababan de publicar, a esas alturas de la historia, una ley que prohibía la violación dentro del matrimonio; se había conocido el texto del emir de Fuengirola donde se explicaba cómo golpear a las mujeres, y en los juzgados, un día sí y otro también, nos enfrentábamos a sentencias que alimentaban la impunidad exculpando parcialmente o castigando con penas casi simbólicas a los violadores.

Queríamos ir a las causas, sí, desenmascarar a los *salomoncitos*, a todos aquellos que, con grandes discursos sobre la igualdad, pretendían mantener el mismo modelo. Salíamos a la calle para manifestar nuestra oposición frente al pensamiento único y la globalización, contra el modelo patriarcal y las políticas neoliberales que se autojustificaban. El enemigo era muy poderoso y, quizá, nuestro objetivo, demasiado ambicioso, pero, sin duda, necesario y urgente.

Faludi nos había advertido, pero aquel 17 de octubre, mientras mujeres de todo el mundo desfilábamos por las calles de Nueva York, nos sentíamos poderosas. Éramos muchas, más de las que pensábamos. Éramos muy diversas y, sin embargo, compartíamos ideología y objetivos. Teníamos ganas de cambiar el mundo y urgencia por conseguirlo.

La marcha fue un éxito, pero el movimiento que impulsó se desinfló al poco tiempo. Comenzó la gran crisis económica que estalló en 2008 y, como tantas otras veces en la historia, la agenda feminista quedó relegada. La urgencia de acabar con la violencia de género y la feminización de la pobreza quedó aplazada frente al resto de los problemas... hasta hoy.

La marcha, en gran medida, era fruto de lo que había trabajado a fondo Faludi. En 1991, Susan Faludi publicaba *Reacción. La guerra no declarada contra la mujer moderna*, un libro que ganó el premio Pulitzer y en el que su autora explicaba minuciosamente cómo tras los logros conseguidos por el feminismo en los años anteriores y antes de que la deseada igualdad entre los sexos estuviese asentada, una contrarrevolución ideológica —oculta tras un discurso aparentemente progresista— amenazaba a las mujeres. En esta contrarrevolución, advertía la autora, estaba siendo determinante la sutil pero potentísima campaña reaccionaria que, desde comienzos de los años ochenta, venían lanzando los medios de comunicación. Los mensajes coercitivos y culpabilizadores, exponía Faludi, se impusieron en la industria cinematográfica y televisiva, que, con su enorme influencia ideológica, mostraba el fracaso de la mujer «liberada».

Quizá la imagen más permanente de aquellos años sea la de la antiheroína de *Atracción fatal*, interpretada por Glenn Close. La película, que se llevó seis nominaciones a los Oscar en 1987, relata la historia de Dan Gallagher (Michael Douglas), un abogado neoyorquino que está felizmente casado y disfruta de una buena vida junto a su mujer y su hija. Durante la celebración de una fiesta, Dan conoce a una atractiva mujer de negocios interpretada por Glenn Close. El abogado tiene relaciones sexuales con ella y pasan un fin de semana juntos. Mientras que para él es solo una *canita al aire*, para ella su relación es algo más, una verdadera obsesión. Cuando él quiere sacarla de su vida, ella se dedicará a atemorizarle por todos los medios, comenzando con hacerse la víctima y buscando luego a su familia para vengarse. La atractiva y poderosa mujer independiente se convertirá en una mujer peligrosa y a lo largo del film podremos ver hasta dónde está dispuesta a llegar para conseguir lo que quiere. En los años ochenta, dice Faludi, las protagonistas cinematográficas se rinden. Los modelos que nos presentan son los de mujeres que se enfrentan entre sí por conseguir un hombre y un puesto de trabajo, y que encarnan proyectos de vida completamente alejados del ideal de mujeres independientes, alegres y sensuales, a menos que, al final de la trama, su búsqueda de placer fuera debidamente castigada. También es la época en la que los hombres hacen a su gusto a las mujeres, los hombres se apoderan de las mujeres como dueños y señores. El mejor ejemplo: *Pretty Woman*, en la que un magnate de Wall Street remodela a una prostituta hasta que hace de ella un apéndice educado y elegante de sí mismo.

El mejor representante de este cine reaccionario en España es Pedro Almodóvar. Encarna el prototipo del contradiscurso reaccionario envuelto en parafernalia post y realizado por un director que consiguió durante mucho tiempo ser tratado como icono de progresía y modernidad. Es en los años ochenta cuando Almodóvar estrena *Mujeres al borde de un ataque de nervios* (1988), en la que una de las protagonistas (Rossy de Palma) es violada mientras duerme bajo los efectos de un narcótico. Al despertarse, asegura que su vida se ha transformado prodigiosa y maravillosamente. En *Átame* (1990), un hombre irrumpe en la vida de una mujer, la rapta y se le impone por la fuerza. Todo lo hace «por su bien, porque la ama». El secuestrador es huérfano y está completamente *enamorado*, por lo que se presenta como un personaje que consigue el favor del público. Ella, por el contrario, es una mujer que ha tenido relaciones con las drogas y es actriz en películas pornográficas. Como el secuestrador está dispuesto a hacer lo que sea para que ella corresponda a su amor, la película se relata como una historia que pasa del *no* inicial de la mujer a una relación cómplice entre ambos. El final es explícito: ella renuncia a todo porque cae rendidamente enamorada y pide a su secuestrador que la ate (por libre elección).

Dos años después de que Faludi publicara su libro, Almodóvar presenta *Kika* (1993), donde de nuevo el personaje de Rossy de Palma relata (con mucho humor, eso sí) que su hermano empezó violando cabras y luego siguió violando vecinas para terminar violándola a ella. En *Hable con ella* (2002), Almodóvar llega a ser aún más explícito (por si todo lo anterior fuese una broma) y hace girar el argumento alrededor de un joven que viola a una mujer en coma. Un violador, como los anteriores, profundamente enamorado y que se gana inevitablemente el favor del público.[67]

67. Pilar Aguilar, «No todas somos mudas o estamos en coma», en *Andra*, n.º 20, 2003.

Siguiendo a Faludi, la potente reacción antifeminista de los años noventa advertía a las mujeres «no femeninas» que preferían la realización profesional a su tradicional función «nidificadora» de las consecuencias de su forma de vida. Las acusaba de potencialmente peligrosas y, además, las retrataba profundamente tristes e insatisfechas. A Hollywood se le unió la aún más sutil publicidad, los imperativos de la moda o la creciente oleada de violaciones que se vivió en aquellos años y que conformaban, entre otros, los poderosos frentes que atacaban a las mujeres dispuestos a evitar que se consolidaran los avances, dispuestos a retroceder en el tiempo para volver a la «feminidad» tradicional y la sumisión.

El análisis de Faludi era brillante, además de exhaustivo. La introducción llevaba el explícito título de «La culpa es del feminismo», y en ella se relataba el marcado incremento de las violaciones en aquellos años o la abundancia de publicaciones pornográficas en las que se describían por la palabra o la imagen actos extremadamente vejatorios contra las mujeres. También señalaba que una reacción contra los derechos de las mujeres tiene éxito en la medida en que parece no ser política, cuando no tiene la menor semejanza con una cruzada. «Es más poderosa cuando parece individual. Estos fenómenos están relacionados, pero ello no significa que estén coordinados. La reacción no es una conspiración, ni la gente que sirve a sus fines es siempre consciente de su papel: hay quienes incluso se consideran feministas. En su mayor parte, las manifestaciones de la reacción están codificadas y perfectamente estructuradas, son extensas y camaleónicas. No todas sus manifestaciones tienen igual peso o significación; algunas son efímeras, producto de una máquina cultural que está siempre buscando un *nuevo* enfoque. Considerados en conjunto, sin embargo, esos códigos y esos camelos, esos susurros, esas amenazas y esos mitos tienen un objetivo claro y definido: tratan de hacer volver a las mujeres a sus papeles, bien como hija de papá, bien como vibrante romántica, bien como activa procreadora, bien como pasivo objeto del amor. Si bien la reacción no es un movimiento organizado, eso no la hace menos destructiva. De hecho, la falta de orquestación, la ausencia de un único responsable, hace que sea más difícil de ver y quizá más efectiva.»

Algunas autoras consideran que en estos momentos estamos en medio de otra «Reacción», tan profunda, como la que describió Faludi en los años ochenta. Otras defienden que aún no hemos salido de ella, puesto que algunos fenómenos se repiten con exactitud. En cualquier caso, nadie pone en duda que, efectivamente, estamos en una «guerra no declarada contra la mujer moderna». Es obvio el aumento de la violencia sexual y que la popularización del uso de internet y las redes sociales ha multiplicado la pornografía y las vejaciones de palabra o con imágenes de las mujeres. Simultáneamente, ha desaparecido la educación afectivo-sexual de las aulas gracias al reposicionamiento ultraconservador de las jerarquías religiosas durante los últimos años, por lo que buena parte de los adolescentes se «educan» sexualmente a través del porno y los vídeos de YouTube. Han aumentado los discursos que intentan justificar la «obligada» ocupación de las mujeres en las tareas no remuneradas por el vapuleo del mercado a las clases medias y trabajadoras. Y todo este escenario se produce en un momento de auge del «velo de la igualdad». Las niñas, las adolescentes y las jóvenes no se consideran víctimas, todo lo contrario. No tienen interiorizado el discurso de la queja ni mucho menos. En buena parte rechazan los análisis y reivindicaciones feministas porque han sido criadas en la fortaleza, la mayoría de ellas se han hecho mayores en colegios mixtos donde han competido con los chicos en calificaciones y aptitudes. Han asimilado la idea de que tienen derechos, que son iguales, que se pueden comer el mundo sin ningún trabajo, que todo depende de ellas. Desdeñan los análisis que subrayan la importancia que tienen en la construcción de su imaginario, de su comportamiento y de sus valores, los modelos y discursos que emiten los medios de comunicación, la ficción, la literatura o la música que han consumido desde pequeñas. Es decir, niegan la existencia del patriarcado —aun sin saber muy bien qué significa esa palabra tan antigua, a su juicio—. Las más rebeldes o aquellas que van percibiendo que «algo va mal» prefieren las consignas de la postmodernidad, se centran en su identidad, en análisis individuales y defienden sus «libres» elecciones frente al proyecto político común y universal que les ofrece el feminismo. Es la tormenta perfecta. Frente a ella, también nos advirtió Faludi: «Cuando el feminismo pasa por horas bajas, las mujeres asumen individualmente el papel de oponentes a la cultura masculina: luchan en forma privada y muy a menudo encubierta para afirmarse contra la marea cultural dominante.»

La tormenta perfecta porque, además del nuevo escenario, otros fenómenos se repiten como gotas de agua. En julio de 2016, el periódico *El País* publicó una tribuna titulada «Las feministas tratan mal a los hombres», escrita por Cathy Young y en la que explicaba la, a juicio de la autora, «supuesta deriva radical del feminismo en Estados Unidos».[68] Young explicaba en su artículo que «gran parte de la retórica feminista actual ha cruzado la línea que separa las críticas al sexismo de las críticas a los hombres y se centra

68. *http://elpais.com/elpais/2016/07/04/opinion/1467635693 524761.html*

en el comportamiento personal». Tras la publicación de este artículo, el feminismo español reaccionó hasta tal punto que Lola Galán, la defensora del lector de *El País*, se vio obligada a reflejar la ola de indignación que había llegado al periódico, especialmente a través de cartas de académicas y profesoras universitarias. Pasando por alto el nombre de «defensora del lector» (con lo fácil que es buscar un nombre inclusivo) y el título de su artículo «Feminismo y polémica» (lo que es mucho pasar, porque si alguien encendió la polémica no fue el feminismo sino el antifeminismo), Galán se quita de la discusión y escribe: «Tratándose de una tribuna, he pedido al jefe de Opinión, José Ignacio Torreblanca, que responda a las críticas.» Y el jefe de Opinión, para defender el artículo negacionista, se reviste de autoridad o, como diría el sociólogo Diego Gambetta, de *machismo discursivo,* que consiste en el tono que utilizan ciertos varones que ocupan una posición social reconocida para disfrazar sus argumentos, un tono rebosante de contundencia para ocultar las carencias en la construcción y exposición de dichos argumentos. Un tono, además, que simula neutralidad cuando simplemente están defendiendo sus intereses. Así, como un salomoncito cualquiera, Torreblanca escribe: «El Libro de estilo de *El País* dice en su punto 3.3 que, al contrario que la información, que está basada en hechos, la opinión está basada en juicios. La tribuna de Cathy Young, que también fue publicada por *The Washington Post,* expone su personal juicio de valor sobre determinadas actitudes de algunas feministas. Publicar dicho artículo no implica que este diario endose sus opiniones ni compromete su línea editorial. Al contrario, refleja que este diario cree en la necesidad de un debate plural en el que quepan opiniones diversas aunque, como en el caso, puedan resultar polémicas y generar controversia.»

Una explicación tan estupenda como falsa, puesto que *El País* no recoge habitualmente en sus páginas posicionamientos feministas. Aún estamos esperando tan solo que haya un mínimo equilibrio entre hombres y mujeres en las páginas de opinión (de todos los diarios y tertulias), como para que presuman de tener opiniones feministas en sus columnas. No dejo de pensar en la estupefacción de buena parte de sus lectores (y lectoras) leyendo las argumentaciones de Cathy Young sobre *La mística de la feminidad* de Betty Friedan o la *Declaración de sentimientos* de Séneca Falls, un libro y una declaración política que apostaría nunca antes habían sido mencionados en las páginas de este periódico tan *neutral*.

Como dos gotas de agua porque no es una simple coincidencia, que la abogada y feminista Lidia Falcón escriba precisamente sobre esto en el prólogo a una de las ediciones en español de *Reacción*. Así, Falcón, en 1993, titula su prólogo «El feminismo contra la barbarie: La reacción de Susan Faludi» y arranca con estas palabras: «El 18 de julio de 1993 se publicó en *El Periódico de Catalunya* un artículo del escritor Quim Monzó denunciando los abusos que están cometiendo las mujeres estadounidenses contra los hombres, a los que a menudo acusan sin motivo de acosarlas sexualmente (...). Y Quim Monzó, como el Bruto de Shakespeare, es un hombre honrado (...). La escritora Lourdes Ortiz publicaba también, unas semanas atrás, otro artículo demostrando su preocupación por la rigidez de las mujeres norteamericanas, capaces de denunciar cualquier leve atisbo de ternura o de afecto por parte de los hombres, lo que convertía el galanteo en una árida relación entre seres sin pasión. Y Lourdes Ortiz, por supuesto, es una mujer honrada. ¿Qué ha sucedido en la España de hoy para que dos escritores progresistas manifiesten inquietud ante la agresividad que demuestran las mujeres contra los hombres?»

La tormenta perfecta. A continuación, Falcón enumeraba el fenómeno de la *reacción* poniendo nombres y apellidos en el escenario español: Almodóvar, Cela, Umbral, Raúl del Pozo, Coll... y concluía: «Las páginas de nuestros periódicos son un mosaico de artículos insultantes, bromas groseras y descalificaciones de todo lo que consideran femenino, que alternan con las noticias de asesinatos y violaciones de mujeres. Los artículos de Quim Monzó y de Lourdes Ortiz responden a la campaña orquestada por los medios de comunicación contra las mujeres y el feminismo, aun cuando ni ellos mismos lo sepan (...). Me atrevo a afirmar, parafraseando a Rosa Luxemburgo, que más que nunca hoy está claro que el dilema de nuestros días es feminismo o barbarie.» Lo que traído a la «indignación» del siglo XXI podríamos traducir como «La revolución será feminista o no será».

En España, los primeros años del siglo XXI se caracterizaron por el vertiginoso desarrollo legislativo en materia de igualdad. Entre 2004 y 2011 se aprobó la Ley Integral contra la Violencia de Género, la Ley de Igualdad (que contenía el permiso de paternidad y la paridad en los Consejos de Administración del Ibex-35), la Ley del Matrimonio Igualitario, la Ley de Titularidad Compartida de las Explotaciones Agrarias, la Ley de Salud Sexual y Reproductiva y de Interrupción Voluntaria del Embarazo, entre otras. El patriarcado acusó el golpe. La *Reacción* no se desencadenó porque hubiésemos conseguido la igualdad sino, como diría Faludi, porque parecía que podíamos llegar a ello. La creación del Ministerio de Igualdad fue la gota que colmó el vaso patriarcal, y degradarlo a Secretaría de Estado dentro del Ministerio de Sanidad, el pistoletazo de salida para arramblar con todas las conquistas anteriores. Como circulaba irónicamente en las redes sociales en aquellos días: ¿Será la igualdad una enfermedad que se la llevan a Sanidad? Cuando parecía que el feminismo estaba de enhorabuena y era capaz de ganar la batalla definitiva a la desigualdad, la violencia y la exigencia de sumisión, de nuevo el monumental edificio de la misoginia comenzó a emerger delante de nuestras narices. Lo peor es que nos pilló confiadas.

Ni en un mal sueño podríamos haber imaginado que en los años siguientes se acabaría hasta con el Instituto de la Mujer, la primera piedra del edificio de las políticas de igualdad tras el franquismo. Como una pesadilla vimos caer todos los indicadores. La lenta pero inexorable expulsión de las mujeres del mercado laboral, cómo la brecha salarial se sitúa actualmente en España en un 24%, la más alta de los últimos seis años. La caída de 13 puestos en la brecha global de género —Global Gender Gap—, en los últimos cuatro años: en 2011, España estaba en el número 12, desde el que ha caído al 25. Y cómo la peor nota la obtiene en el área de salud, donde ocupa el puesto 93, lo que supone un descenso de 37 puntos en cuatro años. El recorte presupuestario en Políticas de Igualdad desde 2012 a 2016 ha sido del 21%, y si comparamos con 2009 alcanza del 47,6%. Cómo en 2016, los presupuestos para igualdad y violencia suponen un ridículo 0,0103% del total. Cómo la pobreza relativa llega ya al 42% de los hogares monoparentales, que en su gran mayoría (82%) son hogares que tienen al frente a una mujer, o cómo ha desaparecido la mitad de las oficinas de atención a las víctimas mientras que Policía y Guardia Civil cuentan con 6.800 efectivos menos dedicados a la lucha contra la violencia de género.

En ocasiones he llegado a pensar que, como diría Vito Corleone, «son solo negocios, no hay nada personal» en esta guerra contra las mujeres, a la vista de la ingente cantidad de dinero que se consigue gracias a la sumisión femenina (solo sumando el dinero que mueve la prostitución, la trata con fines de explotación sexual y el trabajo gratuito de los cuidados, la cifra es poco menos que incalculable).

Para quienes creemos en los datos, estudiamos los indicadores y no ponemos en duda la palabra de las mujeres, es una obviedad que vivimos en una guerra no declarada; que estamos en medio de una contrarrevolución oculta tras un discurso aparentemente progresista, también. Hecho el análisis, con la foto bien enfocada delante, parece evidente que es momento de nuestra propia *Reacción*. Al menos, las cansadas de estar cansadas estamos hartas de la política de la crueldad, de los micromachismos y el mito del amor romántico. Hartas de los millones de mujeres desaparecidas, asesinadas, violadas, mutiladas, humilladas y silenciadas. Hartas de la impunidad, de la nueva misoginia y de la antigua, del *mansplaining* y del machismo discursivo, de la cultura del simulacro y de la cultura del menosprecio. Hartas de la cultura de la violación, del velo de la igualdad y del velo del silencio. Hartas de la deslegitimación del conflicto y de las complicidades. Y aunque, como diría Mandela, «siempre existe, en los países emergentes, una fascinación duradera por las costumbres de los colonizadores», hartas de las complicidades femeninas, también. Salomón no era sabio, Don Juan no era un héroe y Lolita no es una historia de amor.

Y también estamos hartas de haber fundado, sin querer, el club de las equilibristas haciendo continuamente peligrosos ejercicios, muchas veces sin red, entre los distintos escenarios a los que tenemos la obligación de acudir con sus distancias y exigencias concretas en cada uno de ellos.

Pero, además de todo lo dicho, ¿qué ocurre con todas las excluidas del mercado de la buena chica?, como diría Virginie Despentes. ¿Qué ocurre con las proletarias de la feminidad, como ella misma se define? Las proletarias de la feminidad siempre hemos existido, pero nunca hemos hablado. Es hora de levantar la voz.

DE LA FRUSTRACIÓN A LA ESPERANZA

Me imagino la frustración de las revolucionarias francesas, de las mujeres de toda Europa cuando vieron cómo, a pesar de todos sus esfuerzos, se proclamaba, en 1789, en el inicio de la Revolución Francesa, la *Declaración universal de los derechos del hombre y del ciudadano*. Y no se trataba en este caso de un uso sexista del lenguaje. Realmente, sus compañeros proclamaban una Declaración que pretendía ser universal dejando fuera a la mitad de la población, a todas las mujeres.

Me imagino la esperanza con la que Olimpia de Gouges contestaba en 1791 con la *Declaración de los derechos de la mujer y de la ciudadana*, haciendo con este escrito no solo la defensa del derecho de ciudadanía para las mujeres, sino también la reivindicación del concepto de universalidad en su significado real.

Me imagino la confianza en la validez de sus ideas y en la sensatez de sus planteamientos con la que al año siguiente Mary Wollstonecraft escribía la *Vindicación de los derechos de la mujer*, y me imagino también la frustración al ver cómo estos planteamientos se cercenaban con la guillotina o el exilio para todas las mujeres que se destacaron en aquel momento de la historia en la capital francesa. La frustración con la que todas las europeas tuvieron que aceptar el

Código de Napoleón y la muerte civil para todas ellas durante demasiados años.

Desde entonces, la construcción jurídica, política y social de los derechos humanos ha mantenido esa tensión entre un concepto de universalidad, de humano, que paradójicamente era excluyente, y el planteamiento de que no se puede hablar de derechos humanos si no están incluidas las mujeres, todas las mujeres.

Sería Eleanor Roosevelt —a pesar de que Stèphane Hessel se «olvidara» de mencionarla en su librito— quien, tras el intenso trabajo de millones de sufragistas, de tres generaciones de mujeres de medio mundo empeñadas en el mismo proyecto, diera un gran impulso a la reapertura del tiempo de la esperanza con la introducción, en la redacción de la Declaración Universal de los Derechos Humanos de 1948, de la frase «el valor de la dignidad de toda persona y la igualdad en derechos de mujeres y hombres».[69]

La proclamación de la Declaración indicó el deseo de los pueblos, de las generaciones anteriores, de construir un mundo mejor para el futuro. Un proyecto que, si no incluye entre sus propósitos resolver definitivamente esa tensión e incluir expresamente la igualdad entre los sexos como parte indiscutible del discurso de los derechos humanos, será baldío.

A pesar de las diferencias entre las mujeres del mundo, nuestras aspiraciones son muy similares. Aspiramos a una vida libre de violencia a la que enfrentarse cada una con sus recursos y capacidades, con sus ganas y su carácter, eso es, una vida propia a la que ninguna tenga que renunciar por

69. Eleanor Roosevelt, feminista comprometida, fue la presidenta de la Comisión de Derechos Humanos encargada por Naciones Unidas para elaborar lo que sería la Declaración Universal de los Derechos Humanos.

miedo, por amenazas, por violencia, por discriminaciones. Aspiramos a construir sociedades justas de las que sentirnos orgullosas.

Aspiramos a erradicar la violencia de género, la discriminación, la insuficiente participación de las mujeres en la toma de decisiones, aspiramos a un reparto equitativo de los tiempos entre hombres y mujeres, compartir los espacios públicos y privados; compartir recursos y empleos y acabar con las brechas salariales, romper los techos y muros de cristal, poder elegir el tipo y el tamaño de nuestras familias...

Podemos cerrar los ojos y seguir ignorando esta guerra que asesina, viola y destruye la vida de millones de mujeres en el mundo, pero ya es hora de que dejemos de creer los mitos y las ideologías dogmáticas que defienden que la desigualdad entre hombres y mujeres es natural, histórica y, en consecuencia, irremediable. Ya es hora de trabajar para construir un mundo habitable también para las mujeres, un mundo donde las niñas tengan el derecho a vivir sin violencia y a recibir educación, y también ya es hora de trabajar para educar a los niños dándoles la oportunidad de hacerse hombres no violentos.

Estamos cansadas, sí, y precisamente por ello no nos queda otra que despedir al hombre económico y solucionar la crisis de los cuidados. Sospecho que podemos acabar con la misoginia si tratamos con irreverencia al patriarcado, si nos burlamos de sus mentiras y actuamos con desdén frente a sus exigencias.

Soltera, diccionario de la RAE: Que no se ha casado. Suelta, libre. Diccionario de María Moliner: del latín *solvere*, desatar, v. soltar, soltarse, soltería, soltura, suelta. Antes, suelto, aplicado a las riendas, a los presos... y después, a las personas no casadas.

—Nosotras, las solteras —me dijo un día, tan convencida, mientras tomábamos un café la periodista asturiana María Teresa Álvarez.

—¿Solteras? —le pregunté—. Pero si tú estás casada y, como dirían las abuelas, ¡bien casada!

María Teresa se había casado con el ya fallecido Sabino Fernández Campo. Militar, conde y jefe de la Casa del Rey. Se habían casado cuando ambos eran mayores, Sabino viudo y con diez hijos de su anterior matrimonio. Juntos, Sabino y María Teresa no habían tenido hijos y ella siempre me había hablado maravillas de su marido destacando especialmente la relación de respeto que tenían.

—Sí, claro, me he casado, pero la soltería es un estado personal, algo que no depende exactamente del estado civil que tengas.

—La mujer inasible, que me llamaba uno de mis novios. Nunca supe si como piropo o como reproche —le contesté.

¿La liberación cognitiva, de la que habla Ana de Miguel? Imagino que minaríamos buena parte del terreno en el que se asienta la violencia de género si acabásemos con el mito del amor romántico y tuviésemos claro que el *princesismo* es tan dañino para las niñas como el belicismo para los niños. Si descubriéramos que frente a la ñoñería del rosa y el azul, el violeta favorece a todo el mundo.

No nos queda otra que romper el velo de la igualdad y, especialmente, el velo del silencio; enfrentarnos a los guardianes del patriarcado y a sus mentiras. No nos queda otra que convencernos de que la obediencia no garantiza la supervivencia. Todo lo contrario. La supervivencia nunca está garantizada pero, si acaso, es la rebeldía la que nos da esperanzas.

Asegura Marcela Lagarde que en las últimas décadas, como nunca antes, millones de mujeres feministas vivimos en ruptura con el patriarcado: «El esfuerzo vital ha consistido en darle otro sentido a la vida a través de experiencias inéditas para eliminar los cautiverios y profundizar los avances de la modernidad. Las mujeres han contribuido a cambios profundos en la sociedad, las mentalidades, la cultura y la generación de derechos, recursos, caminos y poderes positivos. Lo han hecho prácticamente en los ámbitos, las instituciones, las organizaciones y en interacción con otras personas para que su visión del mundo ocupe cada vez más espacios. La clave más relevante de las acciones feministas ha sido el convencimiento, lo que de por sí es un aporte democrático a la cultura y la convivencia si se considera el ambiente hostil, la descalificación y hasta las maneras bravuconas imperantes. Con el rechazo activo al patriarcado de las modernas disidentes, las feministas, se inaugura un nuevo horizonte cultural.»

No nos queda otra, como diría Nancy Fraser, que profundizar en el sentido de la justicia entendiendo que requiere, al mismo tiempo, redistribución y reconocimiento. Somos más de tres mil millones de mujeres en el mundo que aspiramos a una vida digna, y digo yo que, ya que hemos llegado hasta aquí, no vamos a parar hasta conseguirla.

Bibliografía

ACHER, Gabriela, *El príncipe azul destiñe: ¿Por qué los hombres y las mujeres nos empeñamos en entendernos?*, La Esfera de los Libros, Madrid, 2005.

ALEXIÉVICH, Svetlana, *La guerra no tiene rostro de mujer*, Debate, Barcelona, 2015.

AMARA, Fadela, *Ni putas ni sumisas*, Cátedra, Madrid, 2004.

AMORÓS, Celia, *Tiempo de feminismo. Sobre feminismo, proyecto ilustrado y postmodernidad*, Cátedra, col. Feminismos, Madrid, 1997.

—, (dir.), *10 palabras clave sobre mujer*, Editorial Verbo Divino, 4.ª ed., Navarra, 2002.

—, *La gran diferencia y sus pequeñas consecuencias*, Cátedra, Col. Feminismos, Madrid, 2005

—, *Salomón no era sabio*, Editorial Fundamentos, Madrid, 2014.

—, y DE MIGUEL, Ana (eds.), *Teoría feminista: de la Ilustración a la globalización* (3 vols.), Minerva Ediciones, Madrid, 2005.

ARRANZ, Fátima (dir.), *Cine y género en España*, Cátedra, col. Feminismos, Madrid, 2010.

AUGUSTÍN PUERTA, Mercedes, *Feminismo: Identidad*

personal y lucha colectiva. Análisis del movimiento feminista español en los años 1975 a 1985, Universidad de Granada, Granada, 2003.

BAUDRILLARD, Jean, *Cultura y simulacro*, Kairós, Barcelona, 1978.

BAUMAN, Zygmunt, *Tiempos líquidos*, Tusquets, Barcelona, 2007.

—, *Amor líquido. Acerca de la fragilidad de los vínculos humanos*, Fondo de Cultura Económica, Madrid, 2009.

BELTRÁN, Elena y MAQUIEIRA, Virginia (eds.), *Feminismos. Debates teóricos contemporáneos*, Alianza Editorial, Madrid, 2001.

BERBEL, Esmeralda, *De qué hablamos las mujeres cuando hablamos de lo que nos importa*, Alba Editorial, Barcelona, 2008.

BEROIZ, Mercedes, *El llanto de los caracoles*, Caballo de Troya, Barcelona, 2007.

BONINO, Luis, *Hombres y violencia de género. Más allá de los maltratadores y de los factores de riesgo*, Ministerio de Igualdad, Madrid, 2008.

CACHO, Lydia, *Esclavas del poder*, Debate, Barcelona, 2010.

CARRASCO, Cristina (ed.), *Mujeres y economía. Nuevas perspectivas para viejos y nuevos problemas*, Icaria, 2.ª ed., Barcelona, 2003.

CASTELLS, Manuel, *La era de la información*, vol. 1, Siglo XXI, México, 2001.

CRUZ, Jacqueline y ZECCHI, Bárbara (eds.), *La mujer en la España actual. ¿Evolución o involución?*, Icaria, Barcelona, 2004.

DE LA BARRE, Poulain, «Sobre la igualdad de los sexos», en *Figuras del otro en la Ilustración francesa. Diderot y otros autores*, Alicia H. Puleo (estudio, traducción y notas), Escuela Libre Editorial, Madrid, 1996.

DE LA CONCHA, Ángeles (coord.), *El sustrato cultural de la violencia de género. Literatura, arte, cine y videojuegos*, Síntesis, Madrid, 2010.

DE MIGUEL, Ana, *Neoliberalismo sexual. El mito de la libre elección*, Cátedra, col. Feminismos, Madrid, 2015.

DEL OLMO, Carolina, *¿Dónde está mi tribu? Maternidad y crianza en una sociedad individualista*, Clave Intelectual, Madrid, 2013.

DESPENTES, Virginie, *Teoría King Kong*, Melusina, 2007.

DUBY, Georges y PERROT, Michelle, *Historia de las mujeres*, vol. 5, Siglo XX, Taurus, Madrid, 2000.

ESCARIO, Pilar, ALBERDI, Inés y LÓPEZ-ACCOTTO, Ana Inés, *Lo personal es político. El movimiento feminista en la transición*, Instituto de la Mujer, Madrid, 1996.

ESCOBAR, Carolina, *Patria mi cuerpo. Historia de una mujer desnuda*, F&G Editores, Ciudad de Guatemala, 2009.

ETXEBARRIA, Lucía, *La Eva futura. La letra futura*, Destino, Barcelona, 2007.

FALUDI, Susan, *Reacción. La guerra no declarada contra la mujer moderna*, Círculo de Lectores, Barcelona, 1993.

FEDERICI, Silvia, *Calibán y la bruja. Mujeres, cuerpo y acumulación originaria*, Traficantes de sueños, Madrid, 2014.

FERREIRA, Graciela, *Hombres violentos, mujeres maltratadas*, Editorial Sudamericana, Buenos Aires, 1995.

FRAISSE, Geneviève, *Los dos gobiernos: la familia y la ciudad*, Cátedra, col. Feminismos, Madrid, 2003.

—, *Del consentimiento*, Palinodia, Santiago de Chile, 2011.

FRASER, Nancy, *Reflexiones críticas desde la posición*

postsocialista, Siglo del Hombre Editores, Santafé de Bogotá, 1997.

GAGO, Cándida, *Atlas de las mujeres en el Desarrollo del Mundo*, SM, Madrid, 2006.

GARCÍA MÁRQUEZ, Gabriel, *Memoria de mis putas tristes*, Mondadori, Barcelona, 2004.

GONZÁLEZ, Rosaura y SANTANA, Juana, *Violencia en parejas jóvenes. Análisis y prevención*, Pirámide, Madrid, 2001.

HAN, Byung-Chul, *La sociedad del cansancio*, Herder, Barcelona, 2012.

HELGASON, Hallgrimur, *La mujer a mil grados*, Lumen, Barcelona, 2013.

HERRERA GÓMEZ, Coral, *La construcción sociocultural del amor romántico*, Editorial Fundamentos, Madrid, 2010.

HESSEL, Stèphane, *¡Indignaos!*, Destino, Barcelona, 2011.

JÓNASDÓTTIR, Anna G., *El poder del amor ¿Le importa el sexo a la Democracia?*, Cátedra, col. Feminismos, Madrid, 1993.

LAGARDE, Marcela, *Género y feminismo. Desarrollo humano y democracia*, Horas y Horas, Madrid, 1997.

—, *Para mis socias de la vida. Claves feministas para el poderío y la autonomía de las mujeres, los liderazgos entrañables y las negociaciones en el amor*, Horas y Horas, Madrid, 2005.

LÓPEZ MONDÉJAR, Lola, *Cada noche, cada noche*, Siruela, Madrid, 2016.

LORENTE, Miguel, *Tú haz la comida, que yo cuelgo los cuadros: trampas y tramposos en la cultura de la desigualdad*, Crítica, Barcelona, 2014.

—, *Los nuevos hombres nuevos: los miedos de siempre en*

tiempos de igualdad, Ediciones Destino, Barcelona, 2009.

MANDELA, Nelson, *El largo camino hacia la libertad*, Aguilar, Madrid, 2013.

MARÇAL, Katrine, *¿Quién le hacía la cena a Adam Smith?*, Debate, Barcelona, 2016.

MERNISSI, Fátima, *El harén en Occidente*, Espasa Calpe, Madrid, 2001.

MILLETT, Kate, *En pleno vuelo*, Hacer, Barcelona, 1990.

MIYARES, Alicia, *Democracia feminista*, Cátedra, col. Feminismos, Madrid, 2003.

MORÁN, Sandra, *Vale la pena. 25 años de lucha, poesía y música*, Entre nosotras, Ciudad de Guatemala, 2005.

NABOKOV, Vladimir, *Lolita*, Anagrama, Barcelona, 2003.

NICHOLSON, Virginia, *Ellas solas*, Turner, Madrid, 2008.

NUÑO, Laura, *El mito del varón sustentador*, Icaria, Barcelona, 2010.

OCKRENTE, Christine (coord.), *El libro negro de la condición de la mujer*, Aguilar, Madrid, 2007.

OSBORNE, Raquel, *Apuntes sobre violencia de género*, Edicions Bellaterra, Barcelona, 2009.

PELLÉ-DOUËL, Christilla y LHUILLIER, Pierre-Eugène, *Preguntas de chicas*, Editorial Octaedro, Barcelona, 2008.

RENAU, María Dolores, *La voz pública de las mujeres*, Icaria, Barcelona, 2009.

RODRÍGUEZ, Pilar, (ed.), *Mujeres, trabajos y empleos*, Icaria, Barcelona, 2008.

SÁNCHEZ DE LARA, Cruz y CHICANO, Enriqueta, *Del acoso sexual. Aspectos penales*, Editorial Aranzadi, Navarra, 2010.

SAU, Victoria, *Reflexiones feministas para principios de siglo*, Horas y Horas, Madrid, 2000.

—, *Diccionario ideológico feminista*, vol. I, Icaria, 3.ª ed., Barcelona, 2000.

—, *Diccionario ideológico feminista*, vol. II, Icaria, Barcelona, 2001.

SENDÓN DE LEÓN, Victoria, *Marcar las diferencias. Discursos feministas ante un nuevo siglo*, Icaria, Barcelona, 2002.

SIMÓN RODRÍGUEZ, María Elena, *Hijas de la igualdad, herederas de injusticias*, Narcea Ediciones, Madrid, 2008.

SOLMIT, Rebeca, *Los hombres me explican cosas*, Capitán Swing, Madrid, 2016.

TORRES, Maruja, *Como una gota. La vida alrededor, la vida desde dentro*, El País Aguilar, Madrid, 1996.

TOURAINE, Alain, *El mundo de las mujeres*, Paidós, 2007.

VALCÁRCEL, Amelia, *La memoria colectiva y los retos del feminismo*, Naciones Unidas, Santiago de Chile, 2001.

—, *La política de las mujeres*, Cátedra, col. Feminismos, Madrid, 2004.

—, *Feminismo en el mundo global*, Cátedra, col. Feminismos, Madrid, 2008.

VARELA, Nuria, *Íbamos a ser reinas. Mentiras y complicidades que sustentan la violencia contra las mujeres*, Ediciones B, Barcelona, 2.ª ed., 2008.

—, *Feminismo para principiantes*, Ediciones B, Barcelona, 2.ª ed., 2008.

—, *La voz ignorada. Ana Orantes y el fin de la impunidad*, Debate, 2012.

WALTER, Natasha, *Muñecas vivientes. El regreso del sexismo*, Turner, Madrid, 2010.

WOLF, Naomi, *El mito de la belleza*, Emecé Editores, Barcelona, 1991.

WOLLSTONECRAFT, Mary, *Vindicación de los derechos de la mujer*, Cátedra, col. Feminismos, Madrid, 2000.

ESTUDIOS E INFORMES

— *Ciudadanas del mundo. Revista independiente de pensamiento feminista.* Plataforma andaluza de apoyo al lobby europeo de mujeres. N.º 5. Febrero, 2008.
— «Del mito del amor romántico a la violencia contra las mujeres en la pareja.» Año 2004-2007. Equipo investigador dirigido por Esperanza Bosch. Instituto de la Mujer. Ministerio de Igualdad.
— «Diagnóstico de la crisis y respuestas desde la economía feminista», *Revista de Economía Crítica*, n.º 9, primer semestre.
— «El progreso de las mujeres en el mundo 2008/2009. ¿Quién responde a las mujeres? Género y rendición de cuentas.» UNIFEM, Nueva York, 2008.
— *El trabajo no remunerado en la economía global*, DURÁN, María Ángeles, Fundación BBVA, Bilbao, 2012.
— «Encuesta de Población Activa (EPA)», junio 2016.
— «Encuesta nacional de Salud 2006». Instituto Nacional de Estadística. Ministerio de Sanidad y Consumo.
— «Estimaciones mundiales y regionales de la violencia contra la mujer. Prevalencia y efectos de la violencia conyugal y de la violencia sexual no conyugal en la salud», Organización Mundial de la Salud, Informe elaborado por la Organización Mundial de la Salud, la Escuela de Higiene y Medicina Tropical de Londres y el Consejo Sudafricano de Investigaciones Médicas, 2013.
— «Informe Salud y Género 2005». Ministerio de Sanidad y Consumo.

— «Informe Salud y Género 2006. Las edades centrales de la vida». Ministerio de Sanidad y Consumo.

— «Informe Salud y Género 2007-2008. Mujeres y hombres en las profesiones sanitarias». Ministerio de Sanidad y Consumo.

— «Informe sobre las posibilidades de actuación contra anuncios de contenido sexual y prostitución publicados a diario en diversos medios de comunicación de prensa escrita», n.º E1/2010 Consejo de Estado, 9 de marzo de 2011.

— «Informe SESPAS-2004. La salud pública desde la perspectiva de género y clase social». BORREL, Carmen, GARCÍA-CALVENTE, María del Mar y MARTÍ-BOSCÀ, José Vicente (eds.), *Gaceta Sanitaria*, vol. 18, supl. 1, mayo 2004.

— «Informe del Mercado de Trabajo de las Mujeres 2016», Ministerio de Empleo y Seguridad Social. Servicio Público de Empleo Estatal.

— «Informe de la Real Academia Española sobre la expresión violencia de género», Madrid, 19 de mayo de 2004.

— «La trata con fines de explotación sexual», APRAM, septiembre 2011.

— «La construcción de un marco feminista de interpretación: la violencia de género», Ana de Miguel, *Cuadernos de Trabajo Social,* vol. 18, 2005.

— «La violencia contra las mujeres. Tres momentos en la construcción del marco feminista de interpretación», DE MIGUEL, Ana, en *Isegoría, Revista de Filosofía Moral y Política*, Instituto de Filosofía-CSIC, n.º 38.

— «Las Mujeres en cifras 1983-2008». Instituto de la Mujer. Ministerio de Igualdad. Madrid, 2008.

— «La ficción audiovisual y la violencia contra las mujeres», AGUILAR, Pilar, *Mientras tanto*, n.º 108, 2012.

— «Macroencuesta de Violencia contra la mujer 2015», Delegación del gobierno para la Violencia de Género, Ministerio de Sanidad, Servicios Sociales e Igualdad.

— «¡Me alegro de reconocerte! Juventud, identidad y violencia de género», *Revista de Estudios de Juventud*, n.º 86, 2009.

— «Mujer y mercado de trabajo 2008». Secretaría General de Empleo. Ministerio de Trabajo e Inmigración. Madrid, 8 de marzo, 2009.

— «No todas somos mudas o estamos en coma», AGUILAR, Pilar, *Andra*, n.º 20, 2003.

— «Tendencias mundiales del empleo de las mujeres». Oficina Internacional del Trabajo. Ginebra, marzo, 2008.

— «Tercer Informe sobre la situación sociolaboral de las mujeres en España», Consejo Económico y Social, 30 noviembre, 2011.

— «Violencia de género y misoginia: Reflexiones psicosociales sobre un posible factor explicativo», FERRER, V.A. y BOSCH, E., *Papeles del psicólogo*, n.º 75, 2000.

Índice

OTROS TÍTULOS
PUBLICADOS

FEMINISMO PARA PRINCIPIANTES

Nuria Varela

¿Quiénes eran las sufragistas? ¿De dónde sale el feminismo radical? ¿Por qué se habla de marxismo y feminismo como de un matrimonio mal avenido? ¿Por qué el feminismo ha sido vilipendiado y ridiculizado? ¿Por qué las feministas han sido tratadas de «marimachos», feas o mujeres insatisfechas sexualmente? ¿Cómo y dónde surge la expresión «violencia de género»? ¿Qué relación hay entre el feminismo y los accidentes de tráfico? ¿En qué consiste la masculinidad? A partir de estos interrogantes, y otros muchos, la autora repasa tres siglos de hacer y deshacer el mundo, de alumbrar líderes fascinantes, y narra la aventura de una agitación social que ningún otro movimiento ha conseguido mantener durante tanto tiempo.

ÍBAMOS A SER REINAS

Nuria Varela

La violencia contra las mujeres llega al siglo XXI con la misma fuerza con que ha recorrido toda la historia de la humanidad. Los agresores no son locos ni enfermos; ni su edad ni la pobreza ni el alcohol los justifican. Desde su aparición, *Íbamos a ser reinas* se ha convertido en el libro esencial para desentrañar por qué se tortura a las mujeres en sus propias casas, cómo lo soportan ellas y qué mecanismos sociales, educativos, legales y religiosos actúan como cómplices eficaces para que la sociedad no se decida a terminar con una plaga que cada año asesina a mujeres en España y en todo el mundo.